Traduzidos dos respetivos originais, com introduções e notas explicativas, esta coleção põe o leitor em contacto com textos marcantes da história da filosofia.

Traduzidos dos respectivos originais, com introduções e notas explicativas, esta colecção põe o leitor em contacto com textos marcantes da história da filosofia.

Discurso sobre as Ciências e as Artes

SEGUIDO DE

Cartas sobre a Polémica

Título original:
Discours sur les sciences et les arts;
Lettre à monsieur L'Abbe Raynal;
Observations de Jean-Jacques Rousseau, de Genève, sur la réponse que a été faite à son Discours;
Lettre de J.-J. Rousseau, de Genève, à M. Grimm, sur la réfutation de son Discours, par M. Gautier, professeur de Mathématiques et d'Histoire, et Membre de l'Académie Royale des Belles-Lettres de Nancy;
Dernière réponse de J. J. Rousseau, de Genève; *Lettre de Jean-Jacques Rousseau, de Genève, sur une nouvelle réfutation de son Discours, par un Académicien de Dijon [nommé Lecat, Chirurgien à Roüen]*;
Préface d'une seconde lettre à Bordes
in Rousseau, Jean-Jacques, *Oeuvres complètes*, tomo III (Paris: Gallimard, col. «Bibliothèque de la Pléiade», 1964).

Tradução: Hugo Barros

Revisão: Carina Correia

Capa: FBA

Depósito legal n.º

Biblioteca Nacional de Portugal – Catalogação na Publicação

ROUSSEAU, Jean-Jacques, 1712-1778

Discurso sobre as ciências e as artes. – (Textos filosóficos)
ISBN 978-972-44-2113-1

CDU 141

Paginação:
MA

Impressão e acabamento:

para
EDIÇÕES 70
Fevereiro de 2019

EDIÇÕES 70, uma chancela de Edições Almedina, S.A.
Avenida Engenheiro Arantes e Oliveira, 11 – 3.º C – 1900-221 Lisboa / Portugal
e-mail: geral@edicoes70.pt

www.edicoes70.pt

Jean-Jacques Rousseau

Discurso sobre as Ciências e as Artes

SEGUIDO DE

Cartas sobre a Polémica

70

O surgimento de Rousseau como polemista eloquente e indiscutível mestre dos paradoxos

Notas introdutórias ao *Discurso sobre as ciências e as artes*

ROBERTO ARAMAYO [1]

> «Os antigos políticos falavam incessantemente de costumes e de virtude; os nossos não falam senão de comércio e de dinheiro. [...] Em seu entender, um homem vale para o Estado aquilo que consome nele.»
>
> (Rosseau, *Discurso sobre as ciências e as artes*)

---

[1] Roberto Aramayo é historiador das ideias morais e políticas, professor e investigador no Instituto de Filosofia do Consejo Superior de Investigaciones Científicas. O seu interesse científico incide em algumas figuras centrais do Iluminismo europeu como Rousseau, Diderot, Kant, Leibniz ou Voltaire. Da sua extensa obra, destacam-se os títulos *Crítica de*

No outono de 1749, a Academia de Dijon organizou um concurso questionando «se o restabelecimento das letras e das artes contribuiu para a depuração dos costumes». O prémio consistia numa medalha de ouro no valor de trinta pistolas e a leitura do trabalho galardoado não podia ultrapassar os trinta minutos, pelo que a sua extensão devia limitar-se a uma trintena de páginas. Os textos deviam ser apresentados anonimamente com uma divisa que serviria de imediato de chave para revelar a sua autoria. Este concurso mudou a vida de Jean-Jacques Rousseau e, por isso, também teve impacto na história do pensamento político moderno.

Note-se que Rousseau se considerou músico até aos quarenta anos, uma vez que ganhava a vida copiando partituras musicais, inventou um sistema de notação musical que pretendia simplificar as partituras através de números, colaborava com a *Enciclopédia* escrevendo sobre música e não parava de compor. Mas, de um dia para o outro, tornou-se num escritor tão célebre quanto polémico graças ao seu *Discurso sobre as ciências e as artes*, no qual defende uma tese que não parece compadecer-se do espírito da sua época. O Século das Luzes chega a ser sinónimo de progresso favorecido pelos avanços científicos e culturais. E nesse contexto, Rousseau permite-se afirmar que as artes e as ciências, longe de melhorarem os nossos costumes, levaram ao desaparecimento da virtude. No entanto, como assinalou Marcel Bouchard, censurar os vícios que proliferavam em Paris e defender as virtudes dos antigos não era uma tese que desgostasse certos académicos de província. Muito pelo contrário.

---

la razón ucrónica. Estudios en torno a las aporías morales de Kant, La Quimera del Rey Filósofo (*Los dilemas del poder, o el peligroso idilio entre lo moral y la política*), *Immanuel Kant. La utopía moral como emancipación del azar*, e os mais recentes: *Voltaire: La ironia contra el fanatismo; Rousseau: y la política hizo al hombre (tal como es)*, e *Schopenhauer: la lucidez del pesimismo; Kant: entre la moral y la política.*

O *Discurso sobre as ciências e as artes* teve origem numa casualidade. Nunca teria surgido se Rousseau não decidisse visitar Diderot na prisão de Vincennes, onde a censura o enclausurara pelos seus primeiros escritos. Rousseau relembra, em várias ocasiões, a origem do seu primeiro ensaio. Na correspondência com Malesherbes, um dos esboços autobiográficos que anunciam as *Confissões*, e que data de 1762, Rousseau assegura que, depois de ter passado quase quatro décadas descontente consigo mesmo, uma feliz casualidade veio iluminar a senda do seu destino. Esta crónica é bastante conhecida. Para se refrescar do calor sufocante, Rousseau começou a ler à sombra de uma frondosa árvore e, ao ver o tema do concurso patrocinado pela Academia de Dijon, a sua vida mudou para sempre.

> Ia visitar Diderot — escreve Rousseau. Levava no meu bolso um exemplar do *Mercure de France*, que comecei a folhear. Vi a questão colocada pela Academia de Dijon, que deu lugar ao meu primeiro escrito. Se em alguma ocasião ocorreu algo semelhante a uma inspiração súbita, foi essa a emoção que produziu em mim essa leitura. Senti de imediato a minha mente deslumbrada por um milhar de luzes; um sem fim de ideias vivas compareceu ao mesmo tempo com uma força e uma confusão que me precipitou numa inefável agitação; senti como que a minha cabeça presa a uma tontura similar à embriaguez. Oh, senhor!, se tivesse podido escrever um quarto do que vi e senti então, com quanta claridade teria feito ver todas as contradições do sistema social. Tudo quanto pude reter do tropel de grandiosas verdades que me iluminaram durante um quarto de hora foi palidamente espalhado pelos meus três escritos principais. O resto perdeu-se.

Que quinze minutos de inspiração lhe tenham servido para escrever três obras maiores, não é de todo um mau balanço, mesmo se, preso ao transe, apenas conseguisse rabiscar a prosopopeia de Fabrício. Nesse mesmo ano, escreve a Christophe de Beaumont, na época arcebispo de Paris, e relata-lhe o mesmo acontecimento, mas com um tom bastante mais sombrio e expondo a outra cara do êxito:

> Estava quase a chegar aos quarenta anos, e, ao invés de uma fortuna que sempre desprezara, e de um nome que se fez pagar tão caro, tinha sossego e amigos, os únicos dois bens que o meu coração cobiçava. Uma miserável questão de academia, agitando o meu ânimo sem que o pudesse impedir, lançou-me numa carreira para a qual não estava feito. Um êxito inesperado deu-me a ver encantos que me seduziram. Converti-me em autor na idade em que se deixa de o ser.

No segundo dos *Diálogos*, intitulado *Rousseau, juiz de Jean-Jacques* [*Rousseau juge de Jean-Jacques*], que data de 1774, insiste neste mesmo aspeto, referindo-se a si mesmo na terceira pessoa. Desde a sua juventude, Rousseau perguntava-se por que razão os homens não eram capazes de viver tranquilamente em sociedade, e o concurso fê-lo encarar essa questão com toda a clareza.

> Por que razão, embora acusem o céu pelas suas misérias, trabalham constantemente para aumentá-las? Olhando o progresso do espírito humano, era estranho ver crescer na mesma proporção as calamidades públicas. Entrevia uma secreta oposição entre a constituição do homem e a das sociedades, mas tratava-se mais de um sentimento surdo, uma noção confusa, do que um juízo claro e desenvolvido. Uma infeliz questão académica veio de repente abrir-lhe os olhos, desembaraçar-lhe esse caos na sua cabeça, mostrar-lhe outro universo, uma verdadeira idade de ouro, de sociedades de homens simples, prudentes e felizes, e converter em esperança todas as suas visões graças à destruição dos preconceitos que o haviam subjugado a ele mesmo, mas dos quais nesse momento acreditou ver desprender-se os vícios e as misérias da humanidade. Encorajado pela ideia da

futura felicidade do género humano e pela honra de contribuir para ela, o seu coração ditava-lhe uma linguagem digna de tão magna empresa. Forçado a ocupar-se intensa e longamente do mesmo tema, aprendeu a meditar em profundidade, e por um momento assombrou a Europa com uma produção em que as almas vulgares não viram senão eloquência e engenho.

Na terceira caminhada dos seus *Devaneios do caminhante solitário*, Rousseau fala-nos da grande revolução que se consumou no seu interior e que lhe desvelou outro mundo moral quando cumpriu os seus quarenta anos, ao arrancar do seu coração a ambição e a ânsia que colocam um preço em tudo quanto decidiu abandonar desde esse instante, quando decide mudar de vestuário e prescindir do relógio para exteriorizar essa mudança. Será contudo no oitavo livro das *Confissões* que iremos obter maiores detalhes. Embora Diderot pudesse entreter-se passeando pelos espaços adjacentes do castelo que lhe servia de prisão, Rousseau tentava visitá-lo a cada dois dias, umas vezes acompanhado da sua mulher e outras, sozinho. Vale a pena considerar esta nova versão do mesmo relato, porque se fazem certas considerações de enorme relevância, como a afirmação de que, quando leu o anúncio do concurso, «descobriu um universo distinto e se tornou um homem diferente», acrescentando depois o seguinte:

> Ao chegar a Vincennes, encontrava-me numa agitação levada ao delírio. Diderot apercebeu-se. Expliquei-lhe o motivo e li-lhe a prosopopeia de Fabrício escrita a lápis debaixo de uma azinheira. Encorajou-me a desenvolver as minhas ideias e a concorrer ao prémio. Fi-lo, e desde esse momento estava perdido. O resto da minha vida e das minhas desgraças foi a sequela inevitável desse instante de desvario. Trabalhei nesse discurso de forma muito singular. Dedicava-lhe as insónias das minhas noites. Quando esse discurso estava terminado, mostrei-o a Diderot, que ficou satisfeito e me indicou algumas correções.

Só algumas correções? Dir-se-ia que Diderot fez bastante mais do que Rousseau nos conta nas suas *Confissões*. Aconselhou-o, por exemplo, a que começasse o seu trabalho com um elogio da ignorância citando Sócrates, e, de facto, a tradução da passagem da *Apologia de Sócrates* que Rousseau usa deve-se muito provavelmente a Diderot, uma vez que este a estava a traduzir, talvez de memória, com o fito de amenizar o seu cativeiro, sendo isto algo que Rousseau se esquece de mencionar em todas as suas crónicas. O relato que Diderot faz do mesmo encontro na sua *Refutação de Helvétius* torna-se muito significativo para a história das ideias.

> A Academia de Dijon propôs como tema do prémio: "se as ciências eram mais prejudiciais do que úteis à sociedade". Estava nessa altura no castelo de Vincennes. Rousseau veio ver-me e, ocasionalmente, consultar-me sobre a posição que adotaria face a esta questão. "Não há que titubear" — disse-lhe. "Tomareis o partido que ninguém tomará." "Tendes razão" — respondeu-me; e trabalhou para o efeito".

Portanto, o paradoxo que celebrizou Rousseau foi-lhe aconselhado por Diderot. É certo que Rousseau se mostra incomodado ao evocar os factos. Quando mostrou o texto a Diderot — dizia-nos —, este ficou satisfeito. No entanto, para Rousseau, esta obra, plena de vigor e força, padece por completo de lógica e ordem: «de quantas saíram da minha pena, é a mais débil no que diz respeito ao raciocínio e a mais pobre em matéria de harmonia». Estas afirmações quase podiam ser um ajuste de contas com o seu antigo amigo. Dá a impressão de que Rousseau não soube perdoar Diderot pelo facto de ter inspirado o seu primeiro escrito, aquele que, além disso, o catapultou para a fama e iniciou a sua carreira como ensaísta. Diderot termina a sua própria crónica recorrendo à ironia com um toque de amargura:

Já não sou eu quem está em Vincennes; é o cidadão de Genebra. Chego; a pergunta que me fez, sou eu quem a faço. Responde-me como eu lhe respondi. E credes que teria passado três ou quatro meses a consolidar com sofismas um mau paradoxo? Que teria dado a esses sofismas o colorido que ele lhes deu e que a seguir teria erguido um sistema filosófico a partir do que inicialmente era só uma tirada engenhosa?

Seja como for, este primeiro discurso consagrou Rousseau como pensador de referência e deu lugar a um interminável número de polémicas, que foram bem documentadas por Raymond Trousson no seu *Jean-Jacques Rousseau jugé par ses contemporains*, consagrando-o como um mestre na arte de produzir paradoxos. De entre os interlocutores da polémica, cabe destacar figuras tão relevantes como Raynal e Grimm, para não citar o rei da Polónia ou a intervenção do próprio d'Alembert no Discurso preliminar da *Enciclopédia*, na qual se alude a Rousseau como um filósofo eloquente que, apesar da sua tese, decidiu colaborar no projeto enciclopédico.

De acordo com Starobinski, Rousseau identifica-se com Fabrício, o incorruptível general romano que teria impressionado o rei Pirro por não se deixar subornar. Se Fabrício denunciou com o seu exemplo a degradação das virtudes entre os romanos, coube a Rousseau fazer o mesmo com a corrupção dos seus contemporâneos, não só inspirado pelas suas leituras de Plutarco, e também de Fénelon, mas igualmente pela sua experiência social.

A famosa prosopopeia de Fabrício teria sido, como já sabemos, a primeira ideia do argumento desenvolvido neste primeiro discurso, onde não se quer denegrir a ciência, mas antes defender a virtude, para o qual Rousseau se arroga o papel desempenhado por Sócrates em Atenas ou Catão na Grécia. Se o valoroso Fabrício voltasse à vida, ficaria consternado perante a degradação dos costumes e — de acordo com a denominada «iluminação de Vincennes» — declamaria do seguinte modo:

> Que esplendor nefasto sucedeu à simplicidade romana? Que linguagem estrangeira é esta? Que costumes efeminados são estes? Que significam estas estátuas, estes quadros, estes edifícios? Insensatos, que fizestes vós? Vós, senhores de nações, tornastes-vos nos escravos de homens frívolos que haveis vencido? São retores que vos governam? Foi para enriquecer arquitetos, pintores, escultores e histriões que derramastes o vosso sangue na Grécia e na Ásia? Será o espólio de Cartago vítima de um tocador de flauta? Romanos, apressai-vos a derrubar esses anfiteatros; parti esses mármores; queimai esses quadros; expulsai esses escravos que vos submetem e cujas artes funestas vos corrompem. Que outras mãos se engrandeçam por meio de talentos inúteis; o único talento digno de Roma é o de conquistar o mundo e de nele fazer reinar a virtude.

Rousseau assegura que, se lhe tivesse calhado viver na sua época, Sócrates não teria bebido a cicuta, mas teria sido condenado a um insultante escárnio ou ao desprezo. Além disso, esboça toda uma genealogia das artes e das ciências nos vícios, ao filiar o saber astronómico na superstição, a eloquência no ódio e na mentira e a moral no orgulho. As ciências e as artes, «nascidas da ociosidade, alimentam-na por sua vez; e a perda irreparável do tempo é o primeiro dano que causam claramente à sociedade».

Para lá deste primeiro discurso, já se anuncia o tema do segundo, a nociva desigualdade, e se tecem interessantes reflexões acerca do dinheiro, quando se pergunta, por exemplo, que será da virtude quando for necessário enriquecer a qualquer preço? Enquanto os políticos antigos falavam constantemente de costumes e de virtude, os nossos já não falam senão de comércio e de dinheiro, porque segundo estes um cidadão apenas vale pelo que consome — argumenta

Rousseau nestas páginas. Mas curiosamente, não deixa de adular o júri do prémio quando assinala que «existem mil prémios para os discursos belos e nenhum para as boas ações», quando, na realidade, «a glória associada ao melhor dos discursos que irão ser coroados por esta Academia não pode comparar-se ao mérito de ter criado o prémio» (sic).

Bibliografia

Aramayo, Roberto R., *Rousseau. E a política fez o homem (tal como é)*, Lisboa: Atlântico Press, 2015.

Aramayo, Roberto, *Rousseau y sus ensoñaciones*. Madrid: Plaza y Valdés, 2016.

Bouchard, Marcel, *Jean-Jacques Rousseau et l'Académie de Dijon. Autour du concours de 1750*. Dijon: Éditions Universitaires de Dijon, 2015.

Cassirer, Ernst, *Rousseau, Kant, Goethe. Filosofía y cultura en el Siglo de las Luces* (ed. de Roberto R. Aramayo). México: Fondo de Cultura Económica, 2014.

Cottret, Monique & Bernard, *Jean-Jacques Rousseau en son temps*. Paris: Perrin, 2011.

Crogiez, Michéle, *Rousseau et le paradoxe*. Paris: Champion, 1997.

Leduc-Lafayette, Denise, *J.-J. Rousseau et le mythe de l'Antiquité*. Paris: Vrin, 1974.

Rousseau, Jean-Jacques, *Oeuvres complètes* (5 vols.). Gallimard: Paris, 1959–1995.

Starobinski, Jean, «La prosospopée de Fabricius», *Revue des sciences humaines*. Bruxelas, 1, 1976, pp. 84–96.

Trousson, Raymond, *Jean-Jacques Rousseau jugé par ses contemporains. Du* Discours sur les sciences et les arts *aux* Confessions. Paris: Champion, 2000.

Trousson, Raymond, *Jean-Jacques Rousseau*. Paris: Gallimard, 2011.

Trousson, Raimond e Eigeldinger, Frédéric (eds), *Dictionnaire de Jean-Jacques Rousseau*. Paris: Champion, 2006.

Jean-Jacques Rousseau

DISCURSO SOBRE AS CIÊNCIAS E AS ARTES

Discurso vencedor do prémio da Academia de Dijon no ano de 1750

«Barbarus hic ego sum quia non intelligor illis» (*)

Ovídio

(*) «Aqui sou um bárbaro, porque não me compreendem», Ovídio, *Tristia*, I, X. [*N. do T.*]

Advertência

O que é a fama? Aqui tendes a infeliz obra à qual devo a minha. Não há dúvida de que este trabalho, que me valeu um prémio e me trouxe reputação, é, no melhor dos casos, medíocre e, ouso acrescentar, um dos piores do conjunto. Que turbilhão de misérias não teria o autor evitado se o primeiro livro tivesse recebido apenas as honras que merecia? Mas, graças a uma fortuna desde logo injusta, foi necessário que aos poucos incorresse numa severidade ainda maior.

Prefácio

Eis uma das mais importantes e belas questões alguma vez colocadas.(*) Não se tratará neste Discurso dessas subtilezas metafísicas que, a pouco e pouco, conquistaram todas as esferas da literatura, de entre as quais os programas das academias não são exceção; mas, antes, de uma dessas verdades que dizem respeito à felicidade do género humano.

Prevejo que dificilmente me perdoarão o partido que ousei tomar. Opondo-me a tudo aquilo que suscita a admiração dos homens, posso apenas esperar ser alvo de uma censura universal; e não será o ter sido honrado com a aprovação de alguns sábios que me valerá a do público. Tomo então o meu partido; não cuido em agradar aos belos espíritos ou aos que se atêm às modas. Existirão sempre homens feitos para serem subjugados pelas opiniões do seu século, do seu país, da sua sociedade; como hoje o livre-pensador e o filósofo que, pela mesma razão, teriam sido apenas fanáticos no tempo da Liga.

(*) *Se o restabelecimento das ciências e das artes contribuiu para a depuração dos costumes* foi a questão colocada pela Academia de Dijon para o Prémio de Moral dos anos de 1750. [*N. do T.*]

Não se deve escrever para tais leitores, quando se deseja viver acima do seu século.

Uma última palavra e termino. Confiando pouco na honra que recebi, reescrevi e aumentei este Discurso desde o seu envio a ponto de fazer dele, de certa maneira, uma obra nova; hoje, creio-me obrigado a restituí-lo ao estado que o celebrizou. Acrescentei apenas algumas notas e duas coisas fáceis de reconhecer, e que a Academia não teria talvez aprovado. Julguei que a equidade, o respeito e o reconhecimento exigiam de mim esta advertência.

Discurso

«Decipimur specie recti» (*)

Terá o restabelecimento das ciências e das artes contribuído para depurar ou corromper os costumes? Aqui está o problema que urge examinar. Que partido devo tomar nesta questão? Aquele, senhores, que convém a um homem honesto que nada sabe e que não se estima menos por isso.

Estou ciente da dificuldade em conciliar o que tenho a dizer com o tribunal perante o qual compareço. Como ousar criticar as ciências diante de uma das mais doutas assembleias da Europa, louvar a ignorância numa Academia célebre, e conciliar o desprezo pelo estudo com o respeito pelos verdadeiramente instruídos? Percebi estas contradições, e não me desencorajaram. Não maltrato a Ciência, digo para mim; é a virtude que defendo perante homens íntegros. A probidade é ainda mais cara aos homens de bem do que a

(*) «Somos enganados pela aparência da retidão», Horácio, *Ars poética*, v. 25. [*N. do T.*]

erudição aos doutos. Que tenho eu então a temer? As luzes da Assembleia que me ouve? Admito que sim; mas apenas no que respeita à composição do discurso, e não pela opinião do orador. Soberanos imparciais nunca hesitaram em julgar-se a si mesmos em discursos sobre temas duvidosos, e a posição mais vantajosa numa causa justa é ter de se defender contra um oponente íntegro e esclarecido, juiz em causa própria.

A este motivo que me encoraja, soma-se um outro, decisivo para mim: o de existir um prémio que não me pode escapar, independentemente do meu sucesso, após ter defendido, segundo a minha luz natural, o partido da verdade. Irei encontrá-lo no fundo do meu coração.

Primeira parte

É um espetáculo grandioso e belo ver o homem sair do nada, por assim dizer, pelo seu próprio esforço; dissipar por meio das luzes da sua razão as trevas nas quais a natureza o envolvera; elevar-se acima dele mesmo; alçar-se através do espírito às regiões celestes; como o Sol, percorrer a passo de gigante a vastidão do universo; e, mais grandioso e difícil ainda, voltar-se para si mesmo para aí examinar o homem e conhecer a sua natureza, os seus deveres e finalidade. Todas estas maravilhas ressurgiram nas últimas gerações.

A Europa recaíra na barbárie dos primeiros tempos. Os povos desta parte do mundo, hoje tão esclarecidos, viviam, há alguns séculos, mergulhados num estado pior do que a ignorância. Não sei que jargão científico ainda mais aviltante do que a ignorância usurpara o nome do saber e opusera ao seu regresso um obstáculo quase invencível. Seria necessário uma revolução para reconduzir os homens ao senso comum; ela veio, enfim, de onde menos se esperaria. Foi o estúpido Muçulmano, esse eterno flagelo das letras, que as fez renascer de entre nós. A queda do trono de Constantino levou à Itália os destroços da Antiga Grécia. A França, por sua vez, enriqueceu-se com esses preciosos despojos. De imediato, as ciências seguiram as letras; à arte de escrever juntou-se a arte de pensar, desenvolvimento que parece estranho, mas que talvez seja apenas demasiado natural; e a principal vantagem do comércio das musas, a de tornar os homens mais sociáveis, inspirando-lhes o desejo de se comprazerem uns aos outros por meio de obras dignas da sua aprovação mútua, começou a ser sentida.

O espírito tem as suas necessidades, como o corpo. Estas representam os fundamentos da sociedade, aquelas, a sua aprovação. Enquanto o governo e as leis providenciam a segurança e o bem-estar dos homens reunidos, as ciências, as letras e as artes, menos despóticas, e porventura mais poderosas, estendem coroas de flores sobre os grilhões de ferro de que são responsáveis, abafam neles o sentimento daquela liberdade original para a qual pareciam ter nascido, fazem-nos amar a sua servidão e dão forma àquilo que se chama de povos civilizados. A necessidade fundou os reinos; as ciências e as artes reforçaram-nos. Forças da terra, amai os talentos, e protegei aqueles que os cultivam. ([1]) Povos civilizados, cultivai-os; felizes escravos, vós devei-lhes esse delicado e fino gosto de que vos vangloriais; essa doçura de carácter e essa urbanidade de maneiras que tornam as relações entre

---

([1]) Os príncipes veem sempre com prazer disseminar-se entre os seus súbditos o gosto pelas artes agradáveis e pelas superficialidades, o que não implica qualquer exportação de recursos. Porque além do facto de os alimentarem assim nessa baixeza de alma tão conforme à servidão, eles sabem muito bem que todas as necessidades às quais o povo se submete são como grilhões que ele assume. Alexandre, ao querer conservar os ictiófagos na sua dependência, compeliu-os a renunciar à pesca e a nutrirem-se de alimentos comuns aos outros povos; e os selvagens da América, que andam nus e que não vivem senão do que caçam, nunca puderam ser dominados. De facto, que jugo se imporia a homens que não têm necessidade de nada?

vós tão harmoniosas e tão fáceis; numa palavra, as aparências de todas as virtudes sem possuir uma só.

Foi graças a esta espécie de delicadeza, tanto mais amável quanto menos fingida, que se distinguiram outrora Atenas e Roma, nesses tão celebrados dias da sua magnificência e esplendor. É, sem dúvida, por sua causa que o nosso século e a nossa nação prevalecerão sobre todos os tempos e todos os povos. Um tom filosófico despojado de pedantismo, maneiras agradáveis e todavia prudentes, tão afastadas da rusticidade alemã como da pantomima italiana; são estes os frutos do gosto adquirido através de uma boa educação e aperfeiçoado no contacto com o mundo.

Que encantador seria viver entre nós se a atitude exterior fosse sempre a imagem das disposições do coração; se a decência fosse a virtude; se as nossas máximas nos servissem de regras; se a verdadeira Filosofia fosse inseparável do título de Filósofo! Mas tantas qualidades raramente se harmonizam, e a virtude não caminha com tão grande pompa. A riqueza do paramento pode indicar um homem de grande riqueza, e a sua elegância um homem de gosto. O homem saudável e robusto distingue-se por outros sinais: sob o trajo rústico de um trabalhador, e não sob o dourado de um cortesão, encontraremos a força e o vigor do corpo. O paramento não é menos estranho à virtude, que é a força e o vigor da alma. O homem de bem é um atleta que se deleita em combater nu; ele despreza todos esses vis ornamentos que limitariam o uso das suas forças e que, na sua maioria, não foram inventados senão para esconder alguma deformidade.

Antes de a arte ter moldado as nossas maneiras e ensinado as nossas paixões a falar uma linguagem afetada, os nossos costumes eram rústicos, mas naturais. E a diferença de conduta anunciava, ao primeiro olhar, a dos caracteres. A natureza humana, no fundo, não era melhor, mas os homens descobriam a segurança na facilidade que sentiam em se compreender reciprocamente, e essa vantagem, da qual não tiramos mais proveito, poupava-os a muitos vícios.

Hoje, uma vez que pesquisas mais subtis e um gosto mais refinado reduziram a princípios a arte de agradar, reina nos nossos costumes uma ignóbil e ilusória uniformidade, e todos os espíritos parecem ter sido atirados para um mesmo molde: a delicadeza exige constantemente, a conveniência ordena; as convenções são sempre respeitadas, nunca o próprio génio. Já ninguém se atreve a parecer o que é; e, sob esta imposição eterna, os homens que formam esse rebanho que se chama de sociedade, colocados nas mesmas circunstâncias, farão todos as mesmas coisas, se motivos mais fortes não os desviarem. Assim, nunca se saberá bem com quem se está a lidar. Para conhecer o seu amigo, será então preciso as grandes ocasiões, ou seja, esperar até que seja tarde demais, pois que seria para essas mesmas ocasiões que teria sido essencial conhecê-lo.

Que cortejo de vícios não acompanharão tal incerteza? Não mais amizades sinceras; não mais verdadeira estima; não mais confiança fundada. As suspeitas, as ofensas, os receios, a insensibilidade, a reserva, o ódio, a traição ocultar-se-ão continuamente sob esse véu uniforme e pérfido de delicadeza, sob essa urbanidade tão elogiada que devemos às luzes do nosso século. O nome do senhor do universo já não será profanado com juramentos, mas insultá-lo-emos com blasfémias, sem que os nossos escrupulosos ouvidos se mostrem ofendidos. Já não se elogiará o mérito pessoal, mas rebaixar-se-á o de outrem. Já ninguém ofenderá rudemente o inimigo, mas será caluniado com malícia. Os ódios nacionais extinguir-se-ão, mas também o amor à pátria. A desprezada ignorância será substituída por um perigoso pirronismo. Certos excessos serão proscritos, certos vícios cairão em desonra, mas outros serão adornados com o nome de virtudes; será preciso tê-los ou afetá-los. Quem quiser que elogie a sobriedade dos sábios deste tempo, mas eu não vejo nisso senão um refinamento da intemperança tão indigna do meu elogio como a sua hipócrita simplicidade.(2)

Tal é a pureza que os nossos costumes adquiriram. Foi desta forma que nos tornámos homens de bem. Cabe às letras, às ciências e às artes reivindicar aquilo que a elas pertence num empreendimento tão salutar. Acrescentaria apenas uma reflexão: se um habitante de uma qualquer região distante, procurando formar uma ideia dos costumes europeus a partir do estado das ciências entre nós, da perfeição das nossas artes, da decência dos nossos espetáculos, da delicadeza das nossas maneiras, da afabilidade do nosso discurso, das nossas demonstrações contínuas de benevolência e a partir dessa tumultuosa competição de homens de todas as idades e de todas as condições que parecem comprazer-se em obsequiarem-se uns aos outros desde a aurora ao pôr do sol, esse estrangeiro, dizia eu, julgaria dos nossos costumes exatamente o contrário daquilo que eles são.

Onde não há qualquer efeito, não há qualquer causa a investigar; mas aqui o efeito é certo, a depravação real, e as nossas almas corromperam-se à medida que as nossas ciências e as nossas artes foram avançando até à perfeição. Dir-se-á que se trata de uma infelicidade específica da nossa era? Não, meus senhores. Os males causados pela nossa vã curiosidade são tão antigos quanto o mundo. O avanço e o recuo diário das águas do oceano não têm estado mais regularmente submetidos ao curso do astro que nos ilumina durante a noite do que o destino dos costumes e da probidade ao progresso das ciências e das artes. Assistiu-se ao desaparecimento da

---

(2) «Gosto», diz Montaigne, «de discutir e de discorrer, mas com poucos homens e por mim. Porque servir de espetáculo aos grandes e provocar a inveja graças ao próprio espírito e ao próprio papaguear, penso ser uma atividade demasiado inconveniente para um homem honrado.» É a atividade de todos os nossos grandes espíritos, com exceção de um [trata-se de Diderot].

virtude à medida que a sua luz se elevava no nosso horizonte, e o mesmo fenómeno foi observado em todos os tempos e em todos os lugares.

Veja-se o Egito, essa primeira escola do universo, esse clima tão fértil debaixo de um céu de bronze, essa terra célebre, de onde Senuseret partiu em tempos remotos para conquistar o mundo. Ela torna-se na mãe da filosofia e das belas-artes e pouco depois é conquistada por Cambises, depois pelos gregos, pelos romanos, pelos árabes, e, por fim, pelos turcos.

Veja-se a Grécia, povoada outrora por heróis que venceram duas vezes a Ásia, uma, às portas de Troia, e outra, nos seus próprios lares. As letras emergentes ainda não tinham levado a corrupção aos corações dos seus habitantes; mas o progresso das artes, a dissolução dos costumes e o jugo do macedónio seguiram-se de perto; e a Grécia, sempre sábia, sempre voluptuosa e sempre servil, não experienciou posteriormente nas suas revoluções senão uma mudança de senhor. Nem toda a eloquência de Demóstenes conseguiu reanimar um corpo que o luxo e as artes enfraqueceram.

É no tempo de Énio e de Terêncio que Roma, fundada por um pastor e celebrizada por lavradores, começa a decair. Mas depois dos Ovídios, dos Catulos, dos Marciais, e dessa turba de autores obscenos cujo nome basta para ferir o pudor, Roma, outrora o templo da virtude, transforma-se no teatro do crime, no opróbrio das nações e no joguete dos bárbaros. Essa capital do mundo sucumbe finalmente sob o jugo que impusera a tantos povos, e o dia da sua queda foi a véspera daquele em que se deu a um dos seus cidadãos o título de árbitro do bom gosto(*).

Que direi eu dessa metrópole do Império do Oriente, que, pela sua posição, parecia destinada a sê-la do mundo inteiro, desse refúgio das ciências e das artes proscritas do resto da Europa, porventura mais por sabedoria do que por barbárie.

(*) Petrónio. [*N. do T.*]

Tudo o que é mais odioso na devassidão e na corrupção, de mais negro nas traições, nos assassinatos e nos venenos, de mais atroz na combinação de todo o tipo de crimes, aqui tendes o que forma o tecido da história de Constantinopla, aqui tendes a fonte pura de onde chegaram até nós as luzes que glorificam o nosso século.

Mas porquê procurar em tempos recuados provas de uma verdade da qual temos sob os nossos olhos testemunhos sólidos? Existe na Ásia uma terra imensa onde as letras são veneradas e conduzem às mais altas dignidades do Estado. Se as ciências purificavam os costumes, se elas ensinavam os homens a derramar o seu sangue pela pátria, se elas animavam a coragem, os povos da China deveriam ser sábios, livres e invencíveis. Mas se não existe um único vício que não os domine, um único crime que não lhes seja familiar; se nem as luzes dos ministros, nem a pretensa sabedoria das leis, nem a massa dos habitantes desse vasto império puderam protegê-los do jugo do Tártaro ignorante e grosseiro, de que lhes serviram todos os seus doutos? Que benefício retiraram das honras que lhes conferiram? Será o de ser povoada por escravos e malvados?

Confrontemos estas descrições com a dos costumes do pequeno número de povos que, a salvo deste contágio de conhecimentos inúteis, forjaram com as suas virtudes a sua própria felicidade e o modelo para as outras nações. Assim foram os primeiros persas, nação singular, na qual se aprendia a virtude como se aprende entre nós a ciência, que subjugou a Ásia com tanta facilidade, e que sozinha teve essa glória de a história das suas instituições ter passado por um romance filosófico; assim foram os Citas, dos quais ficaram tão magníficos elogios; assim foram os Alemães, cuja simplicidade, inocência e virtudes serviam de consolo a uma pena cansada de descrever os crimes e as crueldades de um povo instruído, opulento e voluptuoso; assim o caso de Roma, mesmo nos tempos da sua pobreza e da sua ignorância; assim, finalmente, mostrou ser, até aos nossos dias, essa nação rústica(*) tão elogiada pela sua coragem, que a adversidade não soube abater, e pela sua fidelidade, que o exemplo não conseguiu corromper.([3])

Não foi por estultícia que estes preferiram outros exercícios aos do intelecto. Não ignoravam que noutras terras homens ociosos levavam a sua existência a discutir o soberano bem, o vício e a virtude, e que dialéticos pretensiosos, fazendo a si próprios os maiores elogios, juntavam os outros povos sob a depreciativa designação de bárbaros. Apesar disso, pesaram os seus costumes e aprenderam a desprezar a sua doutrina.([4])

Esquecerei eu que, no seio da própria Grécia, se viu erguer essa cidade tão reputada pela sua ditosa ignorância quanto pela sabedoria das suas leis, essa república de semideuses mais do que de homens tanto as suas virtudes pareciam superiorizar-se à humanidade? Ó Esparta, opróbrio eterno de uma doutrina inútil. Enquanto os vícios, conduzidos pelas belas-artes, se introduziam todos em Atenas, enquanto um

---

(*) Suíça. [*N. do T.*]

([3]) Não ouso falar dessas nações afortunadas que não conhecem inclusive o nome dos vícios que temos tanta dificuldade em reprimir, desses selvagens da América cuja organização política e natural Montaigne não hesita em preferir, não só às leis de Platão, mas mesmo a tudo o que a filosofia poderá algum dia imaginar de mais perfeito para o governo dos povos. Ele cita uma quantidade de exemplos marcantes para quem os souber admirar. Mas quê, exclama, eles não usam culotes!?

([4]) Honestamente, que alguém me diga a opinião que os atenienses deviam possuir da eloquência, quando com tanto zelo a excluíram desse tribunal honesto de cujas sentenças nem os próprios deuses apelavam. Que pensavam os romanos da medicina quando a baniram da sua República? E quando um resto de humanidade levou os espanhóis a proibir aos seus advogados a entrada na América, que ideia teriam eles da jurisprudência? Não se poderá dizer que acreditaram ter reparado por este único édito todos os males que cometeram a esses índios desgraçados?

tirano (*) reunia aí tão cuidadosamente as obras do príncipe dos poetas, tu expulsavas dos teus muros as artes e os artistas, as ciências e os doutos.

O tempo confirmou esta diferença. Atenas tornou-se na morada da delicadeza e do bom gosto, na terra dos oradores e dos filósofos. A elegância das construções combinava com a da linguagem. Via-se por todo o lado o mármore e a tela a ganhar vida às mãos dos mestres mais hábeis. Foi de Atenas que saíram essas obras impressionantes que irão servir de modelos em todas as épocas corrompidas. A imagem da Lacedemónia é menos brilhante. *Aí*, diziam os outros povos, *os homens nascem virtuosos, e o próprio ar do país parece inspirar a virtude.* Tudo o que nos resta desses habitantes é a memória das suas ações heroicas. Valerão para nós esses monumentos menos do que os pitorescos mármores que Atenas nos deixou?

Certos sábios, é verdade, resistiram à torrente geral e preservaram-se do vício na residência das Musas. Ouçamos, porém, o juízo que proferia o primeiro e o mais maravilhoso de entre eles acerca dos sábios e dos artistas do seu tempo.

> Examinei os poetas [diz ele] e considero-os como homens cujo talento os impressiona a si mesmos e aos outros, que se apresentam como sábios, que são tidos por tal, não sendo nada disso.
>
> Dos poetas [continua Sócrates], passei aos artistas. Ninguém é mais ignorante das artes do que eu; ninguém estava mais convencido de que os artistas possuíam segredos muito belos. Apercebi-me, todavia, de que a sua condição não é melhor do que a dos poetas e que ambos incorrem no mesmo preconceito.

(*) Trata-se de Pisístrato, tirano ateniense do século VI a. C. Instituiu as Grandes Panateneias, festival dedicado à deusa Atena, protetora da cidade. Foi no âmbito deste festival que pela primeira vez se procurou fixar a versão definitiva dos poemas homéricos. [*N. do T.*]

E porque os mais hábeis de entre eles excelem no seu ofício, tomam-se pelos mais sábios dos homens. Esta presunção manchou totalmente o seu saber aos meus olhos. De modo que, colocando-me no lugar do oráculo, e perguntando-me o que mais gostaria de ser, o que eu sou ou o que eles são, saber o que eles aprenderam ou saber que nada sei, respondi a mim próprio e ao deus: quero continuar a ser o que sou.

Não sabemos nós, nem os sofistas, nem os poetas, nem os oradores, nem os artistas, nem eu, o que é o verdadeiro, o bom e o belo. Mas existe esta diferença entre nós: a de que, conquanto essa gente não saiba nada, todos creem saber alguma coisa, ao passo que eu, se nada sei, ao menos sei que não duvido disso. De forma que toda essa superioridade de sabedoria que me é atribuída pelo oráculo reduz-se exclusivamente a estar convencido de que ignoro o que não sei.

Aqui tendes, então, de acordo com os deuses, o mais sábio dos homens e o mais erudito dos atenienses para toda a Grécia, Sócrates, fazendo o elogio da ignorância! Será crível que se ressuscitasse entre nós, os nossos sábios e os nossos artistas o fariam mudar de opinião? Não, meus senhores, esse homem justo continuaria a desprezar as nossas ciências inúteis; não ajudaria a engrossar essa montanha de livros que nos inunda de todos os lados, e o único preceito que deixaria aos seus discípulos e aos nossos descendentes seria aquele que deixou: o exemplo e a memória da sua virtude. É assim que os homens devem ser instruídos!

Sócrates começara em Atenas; o velho Catão continuou em Roma a enfurecer-se contra esses gregos manhosos e subtis que enfeitiçavam a virtude e amoleciam a coragem dos seus concidadãos. Mas as ciências, as artes e a dialética prevaleceram uma vez mais: Roma encheu-se de filósofos e de oradores, a disciplina militar foi negligenciada, a agricultura foi desprezada, abraçaram-se seitas e esqueceu-se a pátria. Aos sagrados nomes da liberdade, do desinteresse, da obediência às leis, sucederam-se os nomes de Epicuro, de Zenão, de Arcesilau. *A partir do momento em que os sábios começaram a aparecer entre nós*, diziam os seus próprios filósofos, *os homens de bem eclipsaram-se*. Até então, os romanos contentavam-se em praticar a virtude; tudo se perdeu quando começaram a estudá-la.

Ó Fabrício!, que pensaria a tua grande alma se para tua desgraça fosse chamada à vida e visses o rosto ufano dessa Roma salva pelo teu braço e que o teu respeitável nome engrandecera mais do que todas as suas conquistas?

> Deuses [diríeis], em que se tornaram estes telhados de colmo e estes rústicos lares onde outrora habitavam a moderação e a virtude? Que esplendor nefasto sucedeu à simplicidade romana? Que linguagem estrangeira é esta? Que costumes efeminados são estes? Que significam estas estátuas, estes quadros, estes edifícios? Insensatos, que fizestes vós? Vós, senhores de nações, tornastes-vos nos escravos de homens frívolos que haveis vencido? São retores que vos governam? Foi para enriquecer arquitetos, pintores, escultores e histriões que derramastes o vosso sangue na Grécia e na Ásia? Será o espólio de Cartago vítima de um tocador de flauta(*)? Romanos, apressai-vos a derrubar esses anfiteatros; parti esses mármores; queimai esses quadros; expulsai esses escravos que vos submetem e vos corrompem com as suas artes funestas. Que outras mãos se afamem por meio de talentos inúteis; o único talento digno de Roma é o de conquistar o mundo e de fazer reinar nele a virtude. Quando Cineias exigiu ao nosso senado uma assembleia de reis, não foi arrebatado nem pela pompa estéril, nem por uma elegância encenada. Não ouviu aí essa eloquência fútil, o estudo e o encanto de homens frívolos. Que viu, pois, Cineias de tão majestoso? Ó cidadãos!, viu um espetáculo que nem as vossas riquezas e nem todas as vossas artes jamais exibirão; o

---

(*) Refere-se a Nero. [*N. do T.*]

mais belo espetáculo que alguma vez aparecera sob o céu, a assembleia de duzentos homens virtuosos, dignos de comandar Roma e de governar a terra.

Mas atravessemos a distância dos lugares e dos tempos e vejamos o que se passou nas nossas terras e sob os nossos olhos. Mais do que isso, afastemos pinturas odiosas que feririam a nossa delicadeza e poupemo-nos o esforço de repetir as mesmas coisas com outros nomes. Não é em vão que evocava as profecias de Fabrício; e que terei eu feito dizer a esse grande homem que não tivesse podido colocar na boca de Luís XII ou de Henrique IV? Entre nós, é verdade, Sócrates não teria bebido a cicuta; mas teria bebido, numa taça bem mais amarga, a chacota insultuosa e o desprezo cem vezes pior do que a morte.

Eis como o luxo, a dissolução e a escravatura foram em todos os tempos a punição pelos esforços orgulhosos que fizemos para sair da abençoada ignorância em que a sabedoria eterna nos colocara. O espesso véu com que ela cobriu todas as suas ações parecia advertir-nos o bastante para o facto de não nos ter destinado a especulações inúteis. Mas haverá alguma das suas lições que tenhamos sabido aproveitar, ou que tenhamos negligenciado impunemente? Povos, sabei então de uma vez por todas que a natureza quis preservar-vos da ciência, como uma mãe tira uma arma perigosa das mãos do seu filho; que todos os segredos que ela vos oculta são males dos quais ela vos protege, e que a dificuldade que encontrais em vos instruir não é o menor dos seus favores. Os homens são perversos; seriam ainda piores se tivessem tido a infelicidade de nascer ilustrados.

Quão humilhantes são estas reflexões para a humanidade! Quão mortificado por elas devia estar o nosso orgulho! O quê! A probidade, filha da ignorância? A ciência, incompatível com a virtude? Que consequências não se tirariam desses preconceitos? Mas para conciliar estas aparentes contradições, basta-nos examinar de perto a vaidade e a vacuidade desses pretensiosos títulos que nos deslumbram e que atribuímos tão gratuitamente ao conhecimento humano. Consideremos, então, as ciências e as artes em si mesmas. Vejamos o que deve resultar do seu progresso, e não hesitemos mais em admitir a verdade de todos os pontos em que os nossos raciocínios concordem com as deduções históricas.

Segunda parte

De acordo com uma antiga tradição passada do Egito para a Grécia, afirmava-se que um deus inimigo do repouso dos homens era o inventor das ciências.([5]) Que terão, pois, pensado delas os próprios egípcios, que as viram nascer no seu seio? Porque eles viram de perto as fontes que as tinham brotado. De facto, seja folheando-se os anais do mundo, seja substituindo crónicas duvidosas por investigações filosóficas, não se encontrará uma origem para o conhecimento humano que corresponda à ideia que gostamos de fazer a seu respeito. A astronomia nasceu da superstição; a eloquência, da ambição, do ódio, da bajulação, da mentira; a geometria, da avareza; a física, de uma curiosidade insignificante; todas elas, e até

([5]) Vê-se facilmente a alegoria da fábula de Prometeu; e parece que os gregos, que o agrilhoaram ao Cáucaso, não tinham dele uma opinião mais favorável do que os egípcios do seu deus Tot. «O sátiro», diz uma antiga fábula, «quis beijar e abraçar o fogo quando o viu pela primeira vez; mas Prometeu gritou-lhe: "Sátiro, chorarás a perda da barba do teu queixo, porque ele queima quando se lhe toca".» É este o tema do frontispício.

a ética, do orgulho do homem. As ciências e as artes devem, portanto, a sua origem aos nossos vícios; teríamos menos dúvidas dos seus benefícios se estes se devessem às nossas virtudes.

A sua origem defeituosa reflete-se muito claramente nos seus objetos. Que faremos nós das artes sem o luxo que as sustenta? Sem as injustiças dos homens, a quem serviria a jurisprudência? Que seria da história se não existissem tiranos, guerras ou conspiradores? Numa palavra, quem quereria passar a sua vida em estéreis contemplações se, consultando apenas os deveres do homem e as necessidades da natureza, não tivesse tempo senão para a pátria, para os desafortunados e para os amigos? Estaremos destinados, por isso, a morrer presos nas margens do poço para onde a verdade se retirou? Esta reflexão deveria bastar para desencorajar desde os primeiros passos todo o homem que procurasse seriamente instruir-se pelo estudo da filosofia.

Quantos perigos! Quantos caminhos falsos na investigação das ciências! Por quantos erros, mil vezes mais perigosos do que a verdade é útil, não é necessário passar para chegar a ela? A desvantagem é visível, porque o falso é suscetível de uma infinitude de combinações, e a verdade não tem senão uma maneira de ser. Além disso, quem a busca com toda a sinceridade? Mesmo com a melhor vontade, por que sinais está alguém seguro de a reconhecer? No meio desta massa de sentimentos distintos, qual será o nosso *criterium* para a julgar convenientemente? ([6]) E, o que é mais difícil, se por felicidade a encontramos finalmente, qual de nós saberá fazer um bom uso dela?

([6]) Quanto menos se sabe, mais se acredita saber. Teriam os peripatéticos dúvidas? Não construiu Descartes o universo usando cubos e vórtices? E mesmo na Europa, existirá hoje algum físico, por mais desconhecido que seja, que não explique ousadamente esse profundo mistério da eletricidade, que desesperará para a eternidade os verdadeiros filósofos?

Se as nossas ciências são supérfluas quanto ao objeto que se propõem, são ainda mais perigosas quanto aos efeitos que provocam. Geradas na ociosidade, estimulam-na por sua vez, e a perda irreparável do tempo é o primeiro prejuízo que causam inevitavelmente à sociedade. Na política, como na moral, é um grande mal não fazer bem algum, e todo o cidadão inútil pode ser olhado como um homem pernicioso. Respondei-me, então, ilustres filósofos, vós, a quem devemos o conhecimento das proporções pelas quais os corpos se atraem no vácuo; as proporções entre áreas percorridas em tempos iguais pelas revoluções dos planetas; vós, por quem sabemos quais as curvas que têm pontos conjugados, as que têm pontos de inflexão e as que têm vértices; por quem sabemos como o homem vê tudo em Deus; por quem sabemos de que modo a alma e o corpo se correspondem sem comunicação, como entre dois relógios; por quem sabemos quais os astros que podem ser habitados; por quem sabemos que insetos se reproduzem de uma maneira extraordinária. Respondei-me, digo eu, vós, de quem recebemos tantos conhecimentos sublimes; teríamos nós sido menos numerosos, menos bem governados, menos admiráveis, menos prósperos ou mais perversos, se não nos tivésseis ensinado nenhuma destas coisas? Reconsiderai, pois, a importância das vossas realizações, e se os trabalhos dos mais esclarecidos dos nossos sábios e dos nossos melhores cidadãos são para nós de tão pouca utilidade, dizei-nos o que devemos nós pensar dessa multidão de escritores obscuros e de letrados ociosos que devoram a substância do Estado sem qualquer proveito.

Que digo, ociosos? Quisesse Deus que o fossem de facto! Os costumes seriam mais sãos e a sociedade mais pacífica. Mas esses vãos e fúteis declamadores investem contra tudo, armados com os seus funestos paradoxos, minando os fundamentos da fé, arruinando a virtude. Sorriem com desdém dessas velhas palavras pátria e religião e consagram os seus talentos e a sua filosofia à ruína e degradação de tudo o que existe de sagrado entre os homens. Não é que, no fundo, odeiem a virtude ou os nossos dogmas; é da opinião pública que eles são inimigos; e para que os devolvessem aos pés dos altares, bastaria expulsá-los para a terra dos ateus. Ó furor pela distinção, que poder não é o teu?

O desperdício do tempo é um grande mal. Outros males ainda piores seguem na esteira das letras e das artes. Um deles é o luxo, originado, como elas, na ociosidade e na vaidade dos homens. O luxo raramente deixa de acompanhar as ciências e as artes, e estas nunca cessam de o seguir. Eu sei que a nossa filosofia, sempre fecunda em máximas singulares, gostaria, contra a experiência de todos os séculos, que o luxo fosse a causa da grandeza dos Estados. Mas tendo esquecido da necessidade das leis sumptuárias, ousará a filosofia negar também que os bons costumes são essenciais à longevidade dos impérios, e que o luxo é diametralmente oposto aos bons costumes? Admita-se que o luxo é um sinal autêntico de riqueza; se quisermos, que serve inclusive para a multiplicar. Que conclusão retirar deste paradoxo tão digno de nascer na nossa época? E em que se transformará a virtude, quando for necessário enriquecer a qualquer preço? Os antigos políticos falavam incessantemente de costumes e de virtude; os nossos não falam senão de comércio e de dinheiro. Um dir-vos-á que um homem vale num dado país a soma que se pagaria por ele em Argel; um outro, seguindo o mesmo cálculo, encontrará países onde um homem não vale nada, e outro, onde vale menos que nada. Eles avaliam os homens como se fossem gado. Em seu entender, um homem vale para o Estado aquilo que consome nele. Assim sendo, um sibarita valeria uns bons trinta lacedemónios.(*) Tentemos adivinhar, então, qual das duas Repúblicas, de Esparta ou

(*) Um sibarita é um habitante da cidade grega Síbaris, no Sul da Itália, fundada em 720 a. C. Célebre pela sua opulência, o nome dos seus habitantes era sinónimo de riqueza e consumo exuberante. [*N. do T.*]

de Síbaris, foi subjugada por um punhado de camponeses e qual delas fez tremer a Ásia.

A monarquia de Ciro foi conquistada com trinta mil homens por um príncipe mais pobre do que o mais insignificante sátrapa da Pérsia; e os Citas, o mais miserável de todos os povos, resistiu aos mais poderosos monarcas do universo. Duas famosas repúblicas disputaram entre si o império do mundo; uma era muito rica, a outra não tinha nada, e foi esta que destruiu a outra. O império romano, por sua vez, depois de ter engolido todas as riquezas do universo, foi vítima de gentes que não sabiam inclusive o que era a riqueza. Os francos conquistaram os gauleses, os saxões, a Inglaterra, sem outros tesouros além da sua bravura e da sua pobreza; um bando de pobres montanheses cuja avidez se limitava a algumas peles de ovelha, após ter quebrado o orgulho austríaco, arrasou essa opulenta e temível Casa de Borgonha, que fazia tremer os potentados da Europa. Por fim, todo o poderio e toda a sabedoria do herdeiro de Carlos V, amparados por todos os tesouros das Índias, acabaram destruídos às mãos de um punhado de pescadores de arenque. Que os nossos políticos se dignem suspender os seus cálculos para refletir nestes exemplos, e que aprendam de uma vez por todas que tudo se possui com dinheiro, exceto costumes e cidadãos.

De que se trata, afinal, nesta questão do luxo? De saber o que é mais importante para os impérios: o serem brilhantes e breves ou virtuosos e duradouros. Digo brilhante, mas com que brilho? O gosto pelo fausto e pela honestidade não coabita nas almas. Não, é impossível que mentes degradadas por uma miríade de preocupações fúteis alguma vez se elevem a algo de grande; e no momento em que tivessem força para isso, faltar-lhes-ia a coragem.

Todo o artista quer ser aplaudido. Os elogios dos seus contemporâneos são a porção mais valiosa da sua recompensa. Por conseguinte, que fará ele para os obter se tem a infelicidade de nascer entre um povo e num tempo em que os letrados na moda permitiram a uma juventude frívola marcar o tom; em que os homens sacrificaram o seu gosto aos tiranos da sua liberdade([7]); em que obras-primas de poesia dramática são desprezadas e prodígios de harmonia causam desprazer, porque um dos sexos não se atreve a aprovar senão o que beneficia a pusilanimidade do outro? Que fará ele, meus senhores? Rebaixará o seu génio ao nível do seu século e escolherá compor obras vulgares que serão admiradas no decurso da sua vida, ao invés de maravilhas que se venerarão só muito depois da sua morte. Dizei-nos, ilustre Arouet([*]), quantas belezas viris e fortes tereis sacrificado à nossa falsa delicadeza, e quantas coisas grandes vos custou o espírito galante tão fértil nas coisas mais pequenas?

É assim que a dissolução da moral, consequência necessária do luxo, favorece por sua vez a corrupção do gosto. Se acaso se encontrar entre os homens extraordinários pelos seus talentos um só que tenha a firmeza de caráter e recuse submeter-se ao génio do seu século e envilecer-se mediante produções pueris, desgraçado seja! Morrerá na indigência e no esquecimento. Que isto fosse apenas um prognóstico e não um facto confirmado pela experiência! Carle, Pierre([**]), é

([7]) Estou muito longe de pensar que este ascendente das mulheres seja em si mesmo um mal. É um presente que a natureza lhes deu para o bem da humanidade; orientado da melhor maneira, pode produzir tanto o bem quanto o mal que hoje gera. Não somos suficientemente sensíveis às vantagens que nascerão na sociedade de uma melhor educação dada a essa metade do género humano que governa a outra. Os homens farão sempre o que agradar às mulheres. Logo, se quiserdes que eles se tornem grandes e virtuosos, ensinai às mulheres o que é a nobreza de espírito e a virtude. As reflexões que este problema sugere, e que outrora Platão desenvolveu, merecem ser melhor desenvolvidas por uma pena digna de escrever na esteira de um tal mestre e de defender uma tão grande causa.

([*]) Trata-se de Voltaire. [*N. do T.*]

([**]) Charles-André van Loo (1705–1765). Desconhece-se a identidade de Pierre. [*N. do T.*]

chegado o momento em que esse pincel destinado a aumentar a majestade dos nossos tempos através de imagens sublimes e santas cairá das vossas mãos, ou se prostituirá a adornar os painéis de uma carruagem com pinturas lascivas. E tu, inimitável Pigalle (*), rival dos Praxiteles e dos Fídias; tu, cujo cinzel os antigos teriam usado para criar deuses capazes até de nos levar a perdoar a sua idolatria; ou a tua mão consente em pintar a barriga de uma qualquer figura grotesca, ou terá de manter-se ociosa.

Não se pode refletir nos costumes sem recordar com prazer a imagem da simplicidade dos primeiros tempos. Uma margem bela, adornada apenas pelas mãos da natureza, para a qual os olhos se voltam continuamente e da qual nos apartamos com mágoa. Quando os homens inocentes e virtuosos amavam ter os deuses como testemunhas das suas ações, habitavam com eles nas mesmas cabanas. Mas logo que se tornaram maus, cansaram-se destes incómodos espectadores e baniram-nos para templos grandiosos. Finalmente, expulsaram-nos dos templos para eles próprios se estabelecerem aí, ou os templos dos deuses tornaram-se, no mínimo, indistinguíveis das casas dos cidadãos. Foi este o auge da depravação, e os vícios não chegaram tão longe como quando se viram, por assim dizer, suspensos no frontispício dos palácios dos poderosos em colunas de mármore e gravados em capitéis coríntios.

Enquanto as comodidades da vida se multiplicam, as artes se aperfeiçoam e o luxo alastra, a verdadeira coragem amolece, as virtudes militares esvanecem-se, e também isto é obra das ciências e de todas essas artes que se praticam na penumbra do gabinete. Quando os godos devastaram a Grécia, as bibliotecas salvas do fogo só o foram por causa da opinião semeada por um de entre eles, de que era preciso prover aos inimigos mobília tão confortável que os desviasse

(*) Jean-Baptiste Pigalle (1714–1785). [*N. do T.*]

do exercício militar e os distraísse através de ocupações ociosas e sedentárias. Carlos VIII viu-se, ele próprio, senhor da Toscânia e do reino de Nápoles sem ter praticamente desembainhado a espada, e toda a sua corte atribuiu essa inesperada facilidade ao facto de os príncipes e nobreza italiana preferirem ser engenhosos e doutos a tornarem-se vigorosos e marciais. Com efeito, afirma o homem sensato (*) que relata estes dois episódios, todos os exemplos nos advertem para o facto de o estudo da ciência, nesta política marcial e em todas aquelas que se lhe assemelham, ser muito mais propício ao amolecimento e efeminação das coragens do que ao seu fortalecimento e ânimo.

Os romanos admitiram que a virtude militar se extinguira de entre eles ao mesmo tempo que começaram a conhecer-se através de quadros, de gravuras, de vasos de prata e a cultivar as belas-artes; e como essa terra famosa estivesse destinada a servir eternamente de exemplo aos outros povos, a elevação dos Médicis e o restabelecimento das letras fizeram cair uma vez mais, e talvez para sempre, essa reputação guerreira que, há alguns séculos, a Itália parecia ter recuperado.

As antigas repúblicas da Grécia, com aquela paixão que brilhava na maior parte das suas instituições, proibiram aos seus cidadãos todas essas atividades tranquilas e sedentárias que, alquebrando e corrompendo o corpo, logo debilitavam o vigor da alma. Com efeito, como é que se pensa que homens, prostrados pela mais pequena necessidade e desencorajados pela menor dificuldade, podiam lidar com a fome, a sede, as fadigas, os perigos e a morte? Com que coragem suportarão os soldados trabalhos excessivos para os quais não estão habituados? Com que ardor farão marchas forçadas sob o comando de oficiais que não têm sequer a força para andar a cavalo? Não me repliquem com o reputado valor de todos

---

(*) Cf. Montaigne, *Ensaios*, livro I, cap. XXIV. [*N. do T.*]

esses guerreiros modernos tão cientificamente treinados. A sua bravura é muito louvada num dia de batalha, mas nada é dito da forma como suportam o excesso de trabalho, como resistem ao rigor das estações e às inclemências do tempo. Um pouco de Sol ou neve, a privação de alguns luxos inúteis são suficientes para desfazer e destruir em poucos dias o melhor dos exércitos. Intrépidos guerreiros, sofrei de uma vez a verdade que vos é tão raro ouvir; sois bravos, eu sei; triunfastes com Aníbal em Cannes e em Trasimeno; convosco César teria passado o Rubicão e conquistado o seu país; mas não foi convosco que o primeiro atravessou os Alpes e que o outro venceu os vossos antepassados.

Os combates nem sempre determinam o sucesso da guerra, e, no que diz respeito aos generais, existe uma arte superior àquela de ganhar batalhas. Um homem que corre para o fogo com intrepidez pode, no entanto, ser um mau oficial. Mesmo no soldado comum, um pouco mais de força e de vigor talvez se revelasse mais essencial do que toda essa bravura que não o salva da morte; e que importa ao Estado que as suas tropas morram de febre e de frio ou pela espada do inimigo?

Se a cultura das ciências é nociva às qualidades guerreiras, é-o ainda mais às qualidades morais. Desde os primeiros anos que uma educação insensata adorna o nosso espírito e corrompe o nosso juízo. Vejo, por todo o lado, instituições imensas nas quais se educa a juventude com grandes custos, ensinando-lhe tudo exceto os seus deveres. Os vossos filhos ignorarão a sua própria língua, mas falarão outras que em lado algum se usam; saberão compor versos que só a custo compreenderão; incapazes de destrinçar o erro da verdade, dominarão a arte de os tornar obscuros para os outros mediante argumentos especiosos. Entretanto, não saberão o que significam as palavras magnanimidade, temperança, humanidade, coragem; a doce palavra pátria nunca soará nos seus ouvidos; e se ouvem falar de Deus, será menos para

O venerar do que para O temer.([8]) Preferiria, dizia um sábio([*]), que o meu aluno tivesse passado o tempo num jogo da pela; pelo menos o seu corpo ficaria mais exercitado. Eu sei que é preciso ocupar as crianças, e que para elas a ociosidade é o perigo a recear. Que devem elas aprender então? Eis certamente uma bela questão.

Que aprendam o que devem fazer quando forem homens;([9]) e não o que devem esquecer.

([8]) [Diderot], *Pensées philosophiques,* VIII.

([*]) Cf. Montaigne, *Ensaios,* livro I, cap. XXIV. [*N. do T.*]

([9]) Era essa a educação dos espartanos, segundo o maior dos seus reis. É, diz Montaigne, coisa digna da maior consideração, que nessa excelente — na verdade, monstruosa pela sua perfeição, porém tão cuidadosa com a educação das crianças, como se essa fosse a sua principal tarefa — política de Licurgo, e na própria casa das Musas, tão pouco caso se faça da doutrina: como se essa generosa juventude, desdenhando qualquer outro jugo, requeresse, em detrimento dos nossos mestres de virtude, apenas mestres de valentia, prudência e justiça.

Vejamos agora como o mesmo autor fala dos antigos persas. Platão, diz, descreve como o herdeiro do trono real era educado. Após o seu nascimento, era entregue não às mulheres, mas a eunucos com grande estatuto junto do rei em razão da sua virtude. Estes encarregavam-se de torná-lo belo e são de corpo, e após sete anos, ensinavam-no a montar a cavalo e a caçar. Quando chegasse aos catorze anos, era colocado nas mãos de quatro homens: o mais sábio, o mais justo, o mais temperante e o mais valente do país. O primeiro ensinava-lhe a religião, o segundo, a ser sempre verdadeiro, o terceiro, a vencer a sua cupidez, o quarto, a nada recear. Todos eles, deixem acrescentar, com a tarefa de o tornar bom, nenhum com a de o tornar erudito.

Astíages, conta Xenofonte, pede a Ciro que lhe descreva a sua última lição. Na nossa escola, conta, um rapaz grande que tinha uma túnica pequena deu-a a um dos seus colegas mais pequenos, tirando-lhe a dele que era maior. Uma vez estabelecido pelo nosso professor que seria eu o juiz deste diferendo, decidi que se devia deixar as coisas como estavam, e que a este respeito um e outro pareciam estar melhor servidos. Sobre este ponto, repreendeu-me, dizendo que tinha ajuizado mal: porque me tinha limitado a considerar a utilidade; e era preciso, em primeiro lugar,

Os nossos jardins estão decorados com estátuas e as nossas galerias com quadros. Que pensais vós que representam essas obras-primas de arte expostas à admiração pública? Os defensores da pátria? Ou esses homens ainda mais sublimes que a enriqueceram com as suas virtudes? Não. São imagens de todos os delírios do coração e da razão, extraídas cuidadosamente da mitologia antiga, e expostas desde muito cedo à curiosidade das nossas crianças; sem dúvida, para que tenham debaixo do seu olhar modelos das más ações, antes mesmo de saber ler.

Qual a origem de todos estes excessos, senão a terrível desigualdade introduzida entre os homens pela distinção dos talentos e pela depreciação das virtudes? É este o efeito mais evidente de todos os nossos estudos, e a mais perigosa de todas as suas consequências. Já não se pergunta se um homem é íntegro, mas se tem talento; nem de um livro se é útil, mas se está bem escrito. São dispensadas recompensas ao homem de espírito, e a virtude queda-se sem honras. Existem mil prémios para os discursos belos e nenhum para as ações belas. Digam-me, porém, se a glória associada ao melhor dos discursos premiados por esta Academia é comparável ao mérito de ter criado o prémio?

O sábio não corre atrás da fortuna, mas não é insensível à glória; e quando a vê tão mal distribuída, a sua virtude, que um pouco de emulação teria animado e tornado vantajosa para a sociedade, cai na languidez e definha na miséria e no esquecimento. É isto que, a longo prazo, deve produzir por todo o lado a preferência por talentos agradáveis sobre talentos úteis, e o que a experiência não deixou de confirmar

---

ter atendido à justiça, que proveria que ninguém fosse privado daquilo que lhe pertencia. E diz que foi punido por isso, como nos punimos nas nossas aldeias quando nos esquecemos do primeiro aoristo de τυπτω. O meu mestre teria de me fazer um belo discurso, *in genere demonstrativo*, para me convencer de que a sua escola é tão boa quanto esta.

amplamente desde a renovação das ciências e das artes. Temos físicos, geómetras, químicos, astrónomos, poetas, músicos, pintores; já não temos cidadãos; ou se ainda os temos, dispersos pelos nossos campos abandonados, eles aí perecem, indigentes e abandonados. É esta a condição a que estão reduzidos aqueles que nos dão o pão e o leite às nossas crianças, é este o respeito que recebem de nós.

Devo admitir, no entanto, que o mal não é tão grande quanto poderia ter sido. A eterna previdência, ao colocar ao lado de plantas nocivas outras simplesmente curativas, e na substância de muitos animais cruéis o remédio para as suas feridas, ensinou os soberanos, seus ministros, a imitar a sua sabedoria. Foi seguindo o seu exemplo que esse grande monarca, cuja glória certamente adquirirá de geração em geração um novo esplendor, retirou do próprio seio das ciências e das artes, causas de mil desregramentos, essas famosas sociedades responsáveis pela perigosa conservação dos conhecimentos humanos e, ao mesmo tempo, pela conservação sagrada dos costumes, pelo cuidado que têm em mantê-los em toda a sua pureza, e de a exigir aos membros que admitem.

Estas sábias instituições reforçadas pelo seu augusto sucessor e imitadas por todos os reis da Europa servirão, pelo menos, de freio aos homens de letras, que, aspirando à honra de serem admitidos nas Academias, vigiarão a sua própria conduta e darão a si mesmos como tarefa o tornarem-se dignos dessa honra por meio de obras úteis e costumes irrepreensíveis. Para os prémios com que galardoam o mérito literário, os membros destas sociedades que irão selecionar os temas, próprios a reavivar o amor pela virtude no coração dos cidadãos, revelarão que esse amor reina entre eles e oferecerão aos povos esse tão raro e doce prazer que é ver uma sociedade ilustrada devotar-se à disseminação no género humano não apenas de saberes agradáveis, mas de ensinamentos salutares.

Não me respondam, por isso, com algo que representa para mim apenas uma nova prova. Tantas preocupações mostram demasiado bem a necessidade de as ter, e ninguém procura um remédio para males que não existem. Que motivo nos obriga a que, graças à sua insuficiência, lhes atribuamos ainda o carácter de remédios comuns? Tantos estabelecimentos criados em benefício dos doutos apenas contribuem para tornar os objetos das ciências mais impressivos, e mais fácil a conversão dos espíritos à sua cultura. Pelas precauções que são tomadas, dão a entender que existem demasiados trabalhadores e que se receia a falta de filósofos. Não tenho qualquer desejo de arriscar aqui uma comparação entre a agricultura e a filosofia: não a suportaríamos. Perguntarei somente: que é a filosofia? Que contêm os escritos dos filósofos mais ilustres? Quais as lições desses amigos da sabedoria? Ao ouvi-los, não os tomaríamos nós por um bando de charlatães berrando, cada um para seu lado, num espaço público: venham a mim, sou o único que não vos enganará? Um afirma que não existe qualquer corpo e que tudo é uma representação.(*) O outro, que não existe outra substância além da matéria, nem outro deus além do mundo.(**) Este avança que não há virtudes ou vícios, e que o mal e o bem não passam de quimeras.(***) Aquele, que os homens são lobos e capazes de se devorarem de consciência tranquila.(****) Ó grandes filósofos, porque não guardais essas úteis lições para os vossos amigos e para as vossas crianças! Logo, receberíeis a recompensa por elas, e não teríamos de recear encontrar um dos vossos seguidores entre nós.

Aqui tendes, portanto, os maravilhosos homens sobre quem não deixou de cair a estima dos seus contemporâneos

---

(*) Berkeley. [*N. do T.*]

(**) D'Holbach ou La Mettrie. [*N. do T.*]

(***) Possivelmente, Mandeville ou Saint-Aubin. [*N. do T.*]

(****) Hobbes. [*N. do T.*]

ao longo das suas vidas, e que a imortalidade conservou após a sua morte! Aqui tendes as sábias máximas que recebemos deles e que transmitiremos de geração em geração aos nossos descendentes. Entregue a todos os desvarios da razão humana, terá deixado o paganismo à posteridade algo comparável aos vergonhosos monumentos que a imprensa lhe erigiu sob o domínio do Evangelho? Os escritos ímpios dos Leucipos e dos Diágoras desapareceram com eles. Não se tinha ainda inventado a arte de imortalizar as extravagâncias do espírito humano. Mas graças à tipografia ([10]) e ao uso que lhe damos, os perigosos devaneios dos Hobbes e dos Espinosas irão perdurar para sempre. Ide, escritos célebres, que a ignorância e rudeza dos nossos pais não teria sabido conceber; ide até aos nossos descendentes na companhia dessas obras ainda mais perigosas de onde se exala a corrupção dos costumes do nosso século e oferecei em conjunto aos séculos vindouros uma história fiel do progresso e das vantagens das nossas ciências e das nossas artes. Se fordes lidos, não lhes deixeis qualquer dúvida sobre a questão que tratamos hoje; e estes,

([10]) Ao considerar-se as terríveis desordens que a imprensa já provocou na Europa, ao olhar-se o futuro à luz do progresso que este mal faz diariamente, não é difícil prever que os soberanos não tardarão a banir essa arte terrível dos seus Estados com tanto zelo quanto aquele que mostraram quando neles a introduziram. O sultão Ahmed, cedendo às insistências de alguns pretensos homens de gosto, consentira em estabelecer uma imprensa em Constantinopla. Mas assim que a prensa iniciou o seu trabalho, foram obrigados a destruí-la e a lançar a maquinaria a um poço. Diz-se que o califa Omar, consultado sobre o que se deveria fazer com a biblioteca de Alexandria, respondeu nestes termos: se os livros dessa biblioteca contêm algo que se opõe ao Alcorão, são prejudiciais e devem ser queimados. Se apenas contêm a doutrina do Alcorão, queimai-os igualmente: são supérfluos. Os nossos letrados citaram estas palavras como cúmulo do absurdo. No entanto, imaginai Gregório Magno em vez de Omar, e o Evangelho em vez do Alcorão, a biblioteca teria sido queimada do mesmo modo, e isso seria, provavelmente, a mais bela ação da vida desse ilustre pontífice.

a menos que sejam mais insensatos do que nós, erguerão as suas mãos ao céu e, de coração amargurado, dirão: «Deus todo-poderoso, tu que tens nas mãos os espíritos, liberta-nos das luzes e das danosas artes dos nossos pais, e dai-nos a ignorância, a ignorância e a pobreza, os únicos bens que tornam possível a nossa felicidade e que são preciosos perante ti».

Mas se o progresso das ciências e das artes não acrescentou nada à nossa verdadeira felicidade; se corrompeu os nossos costumes, e se a corrupção dos costumes viciou a pureza do gosto, que pensar dessa multidão de autores superficiais que afastaram do templo das musas as dificuldades que vigiavam o seu acesso, e que a natureza aí colocara como um teste às forças daqueles que pretendessem saber? Que pensaremos desses compiladores de obras que indiscretamente arrombaram a porta da ciência e introduziram no seu santuário uma população indigna de aí entrar; ao passo que teria sido desejável que todos aqueles que se mostravam incapazes de vingar nas letras tivessem sido impedidos à entrada e lançados para artes úteis à sociedade. Aquele que durante a sua vida não passará de um mau poeta, de um geómetra insignificante, talvez se tivesse tornado num bom tecelão. Aqueles que a natureza destinou para seus discípulos não têm necessidade de mestres. Não os tiveram homens como Verulam(*), Descartes e Newton, esses preceptores do género humano; e que guias os teriam conduzido tão longe quanto o seu vasto génio? Mestres vulgares teriam somente entorpecido a sua inteligência, limitando-a à estreiteza da sua capacidade. Foram os primeiros obstáculos que lhes ensinaram a fazer esforços, que os levaram a transpor o espaço imenso que percorreram. Se a alguns homens deve ser permitido entregarem-se ao estudo das ciências e das artes, deve ser apenas àqueles que tiverem a capacidade de caminhar sozinhos e de os superar.

(*) Trata-se de Francis Bacon, que possuía o título de barão de Verulam. [*N. do T.*]

Cabe a este pequeno número a tarefa de erguer monumentos à glória do espírito humano. Mas se queremos que nada se situe acima do seu génio, é preciso que nada esteja para lá das suas expectativas. Eis o único encorajamento de que carecem. A alma adapta-se sem se aperceber aos objetos que a ocupam, e são as grandes ocasiões que fazem os grandes homens. O príncipe da eloquência foi cônsul de Roma, e, quem sabe, o maior dos filósofos foi chanceler de Inglaterra.(*) Seria crível que se um tivesse ocupado apenas um posto numa qualquer universidade, e o outro obtido somente uma módica pensão da Academia; seria crível, pergunto, que as suas obras não se ressentissem da sua condição? Assim, que os reis não desdenhem de admitir nos seus conselhos os indivíduos mais capazes de os aconselhar bem; que renunciem a esse velho preconceito, forjado pelo orgulho dos grandes, de que a arte de liderar os povos é mais difícil do que a de os iluminar; como se fosse mais fácil incitar os homens a fazer o bem por sua própria vontade do que a obrigá-los pela força. Que os ilustres doutos encontrem nos seus estudos refúgios dignos. Que obtenham aí a única recompensa digna de si mesmos: a recompensa de contribuir, pela sua influência, para a felicidade dos povos a quem ensinarão a sabedoria. Só nesse instante se verá o que a virtude, a ciência e a autoridade podem fazer quando animadas de uma nobre emulação e trabalhando em conjunto para a felicidade do género humano. Mas enquanto o poder estiver apenas de um lado, as luzes e a sabedoria sozinhas do outro, os doutos raramente pensarão grandes coisas, os príncipes ainda mais raramente praticarão belas ações e os povos permanecerão servis, corrompidos e infelizes.

Quanto a nós, homens comuns, a quem o céu não concedeu tão grandes talentos e não destinou a tanta glória, mantenhamo-nos na nossa obscuridade. Não corramos atrás

---

(*) Respetivamente, Cícero e Francis Bacon. [*N. do T.*]

de uma fama que nos escaparia e que, no atual estado de coisas, nunca nos renderia o que nos teria custado, mesmo que possuíssemos todas as condições para a obter. Por que razão devemos nós procurar a felicidade na opinião dos outros, se podemos encontrá-la em nós próprios? Deixemos aos outros a preocupação de instruir os povos dos seus deveres, e limitemo-nos a cumprir os nossos; não precisamos de saber mais nada.

Ó virtude, ciência sublime de almas simples, serão necessárias tantas fadigas e tanto aparato para te conhecer? Não estarão os teus princípios inscritos em todos os corações, e não bastará olhar para dentro de si mesmo, e escutar a voz da consciência, no silêncio das paixões, para aprender as tuas leis? Aqui tendes a verdadeira filosofia; saibamos contentar-nos com ela. E sem invejar a glória desses homens célebres que se imortalizam na república das letras, tratemos de colocar entre eles e nós essa distinção gloriosa que se observava outrora entre dois grandes povos: um sabia falar e o outro, agir bem.

FIM

CARTAS EM TORNO DA POLÉMICA

Carta ao abade de Raynal, editor do *Mercure de France*(*)

Caro senhor, é meu dever agradecer àqueles que vos transmitiram as observações que tivestes a bondade de me comunicar e das quais procurarei tirar proveito; devo, no entanto, confessar que julgo os meus censores um pouco severos com o meu pensamento e suspeito que se perfilhasse a sua opinião se teriam mostrado menos escrupulosos. Fico, pelo menos, com a impressão de que, se eles próprios tivessem um pouco desse rigor que exigem de mim, não teria qualquer necessidade dos esclarecimentos que lhes vou pedir.

(*) Guillaume Thomas François Raynal (1713–1796), ou abade Raynal, foi uma figura importante do período pré-revolucionário em França, próximo de muitas figuras do iluminismo francês, amigo de Rousseau e editor do periódico literário *Mercure de France* no momento em que este publica o seu *Discurso.* As *observações* a que Rousseau alude foram publicadas no número do *Mercure* de junho de 1751, juntamente com esta carta que lhes dá resposta. Antes de as publicar, Raynal comunica-as a Rousseau. Julga-se serem da autoria do próprio Raynal, embora não seja claro que Rousseau o soubesse. [*N. do T.*]

O autor, dizem eles, *parece preferir a situação em que estava a Europa antes da renovação das ciências; um estado pior do que a ignorância pelo falso saber ou pelo jargão que então reinava.* O autor desta observação parece pôr na minha boca que o falso saber, ou o jargão escolástico, é preferível à ciência, e que eu próprio afirmei que era pior do que a ignorância; mas que entenderá ele pela palavra *situação*? Referir-se-á ao saber ou aos costumes, ou confundirá essas coisas que tanto trabalho me deram a distinguir? De resto, como é este o fundo da questão, confesso que é bastante indelicado comigo apenas terem fingido tomar posição sobre isso.

Acrescentam que *o autor prefere a rusticidade à delicadeza.*

É verdade que o autor prefere a rusticidade à orgulhosa e falsa delicadeza do nosso século e explicou o motivo para isso. *E que é preciso passar a fio de espada todos os doutos e artistas.* Muito bem, já que é isso que se pretende, consinto em que se eliminem todas as distinções que aí fiz.

Deveria, dizem ainda, *marcar o ponto de onde parte, para designar a época da decadência.* Fiz mais: tornei a minha tese geral. Atribuí esse primeiro grau da decadência dos costumes ao primeiro momento da cultura das letras em todos os países do mundo e verifiquei sempre que o progresso dessas duas coisas era proporcional. *E ao regressar a este primeiro período, comparar os costumes desse tempo com os nossos.* Era o que faria ainda mais extensamente num volume *in*-quarto.

Sem isso, não veríamos até onde recuar, a não ser ao tempo dos apóstolos. Não vejo, quanto a mim, qualquer inconveniente nisso, se fosse esse o caso. Mas pergunto francamente ao meu censor: desejaria que eu tivesse dito que o tempo da mais profunda ignorância fosse o dos apóstolos?

Afirmam, além disso, que *relativamente ao luxo é sabido que uma boa política deve interditá-lo nos pequenos Estados, mas no caso de um reino como a França, por exemplo, é completamente diferente. As razões para isso são conhecidas.* Não terei aqui também motivo para me lamentar? Essas razões são aquelas às quais tratei de responder. Bem ou mal, respondi. Ora, não se poderia dar uma maior prova de desprezo por um autor do que não lhe responder senão usando os argumentos que refutou. Mas será necessário apontar para a dificuldade que têm de resolver? Ei-la: e*m que se tornará a virtude quando for preciso enriquecer a qualquer preço?* Aqui está o que lhes perguntei e o que lhes pergunto novamente.

Quanto às duas observações seguintes, a primeira, que começa por estas palavras: *por fim, eis o que se objeta,* e a outra, por estas: *o que é mais importante,* suplico ao leitor que me poupe ao trabalho de as transcrever. A Academia perguntara-me se o restabelecimento das ciências e das artes contribuíra para a depuração dos costumes. Era esta a questão que tinha de resolver. Contudo, eis que me incriminam por não ter resolvido uma outra. Esta crítica é certamente bastante singular. No entanto, quase que peço perdão ao leitor por a ter previsto, porque seria isso em que se acreditaria lendo as cinco ou seis últimas páginas do meu discurso.

De resto, se os meus censores insistem em desejar também conclusões práticas, prometo dar-lhes enunciados muito claros na minha primeira resposta.

Sobre a inutilidade das leis sumptuárias de modo que se desenraíze o luxo já estabelecido, diz-se que o *autor não ignora o que há a dizer do assunto.* Verdadeiramente não. Não ignoro que, quando um homem morreu, não é preciso chamar os médicos.

Não se deve colocar demasiado à vista certas verdades que ferem tão frontalmente o gosto geral, e importa negar qualquer oportunidade à chicana. Estou em absoluto desacordo com esta opinião e creio que é preciso permitir às crianças algumas brincadeiras.

Muitos leitores também as prefeririam redigidas num estilo simples, ao invés de debaixo desse hábito de cerimónia que os discursos académicos exigem. Partilho firmemente o gosto desses leitores. Aqui tendes, portanto, um ponto em que posso aceitar o sentimento dos meus censores, o que faço de imediato.

Ignoro qual o adversário com o qual me ameaçam no *Post-Scriptum*. Seja quem for, não me decidiria a responder a uma obra antes de a ter lido, ou a dar-me por vencido antes de ter sido atacado.

Além disso, quer responda às críticas que me são dirigidas, quer me contente em publicar a obra aumentada que me pedem, advirto os meus censores que poderão não encontrar aí as alterações que desejam. Prevejo que quando se tratar de me defender, seguirei sem escrúpulos todas as consequências dos meus princípios.

Sei de antemão quais as grandiosas palavras que usarão para me atacar: Iluminismo, saberes, leis, moral, razão, conveniência, consideração, doçura, civilidade, delicadeza, educação, etc. A tudo isso responderei somente com duas outras palavras, que soam ainda mais alto ao meu ouvido: virtude, verdade! Escreverei sempre para mim: verdade, virtude! Se alguém achar que se trata apenas de palavras, não tenho mais nada a dizer-lhe.

Observações de Jean-Jacques Rousseau, de Genebra

a propósito da resposta que foi dada ao seu Discurso(*)

Devo um agradecimento, mais do que uma réplica, ao autor anónimo que honrou o meu Discurso com uma resposta. Mas o que devo ao reconhecimento não me levará a esquecer o que devo à verdade; e tão-pouco esquecerei que sempre que se tratar de razão, os homens readquirem o direito da natureza e retomam a sua igualdade original.

(*) O destinatário desta carta de Rousseau é o rei da Polónia e da Lituânia, Estanislau I (1677–1766). A referência a um «autor anónimo» indica-nos que Rousseau tenha respeitado aquela que parece ter sido a vontade do rei em manter-se anónimo porquanto não assina o próprio texto (conforme se lê na nota escrita pelo próprio Rousseau na página de rosto do manuscrito: «Porque o texto do rei da Polónia se manteve anónimo e não assumido pelo autor, obrigava-me a deixá-lo incógnito [...]». A resposta de Estanislau é publicada no número de setembro de 1751 do *Mercure de France*. [*N. do T.*]

O Discurso ao qual devo responder está cheio de coisas muito verdadeiras e muito bem provadas, para as quais não vislumbro qualquer resposta; porque embora seja considerado aí como um doutor, ficaria bastante aborrecido se fosse um daqueles que sabem responder a tudo.

A minha defesa não será menos fácil. Limitar-se-á a comparar com a minha opinião as verdades que me objetam; porque se provar que elas não a derrubam, isso significará, creio eu, que a terei defendido adequadamente.

Posso reduzir todos os enunciados estabelecidos pelo meu adversário a dois pontos principais; um compreende o elogio das ciências; o outro trata dos seus excessos. Irei examiná-los separadamente.

Pelo tom da resposta, parece assumir-se muito facilmente que acerca das ciências dissera muito mais mal do que na realidade disse. Supõe-se aí que o seu elogio, que se encontra à cabeça do meu Discurso, me teria custado muito. Segundo o autor, trata-se de uma confissão arrancada à verdade e da qual não demorei a retratar-me.

Se esta confissão é um elogio arrancado pela verdade, temos de acreditar, portanto, que pensava das ciências o bem que afirmei delas; o bem que acerca delas o autor proferiu não é, por conseguinte, contrário ao meu sentimento. Esta confissão, afirma, é arrancada pela força; tanto melhor para a minha causa. Porque isso mostra que a verdade é em mim mais forte do que a inclinação. Mas em que se baseiam para julgar que este elogio é forçado? Seria por ser mal elaborado? Significaria intentar um processo realmente terrível à sinceridade dos autores, julgá-los à luz desse novo critério. Seria por ser demasiado curto? Julgo que teria podido sem dificuldade dizer menos coisas em mais páginas. Foi, diz, porque eu me retratei. Ignoro em que momento cometi essa falta, e tudo o que posso responder é que não foi essa a minha intenção.

A ciência é muito boa em si mesma, isso é evidente; e seria necessário renunciar ao bom senso para dizer o contrário.

O autor de todas as coisas é a origem da verdade; saber tudo é um dos seus atributos. Assim, adquirir conhecimentos e ampliar as suas luzes significa participar de certa forma na suprema inteligência. Foi neste sentido que louvei o saber, e é neste sentido que o louva o meu adversário. Discorre ainda sobre os diversos géneros de utilidade que o homem pode retirar das artes e das ciências, e de bom grado teria eu dito o mesmo, se fosse esse o meu tema. Logo, estamos perfeitamente de acordo neste ponto.

Mas como pode ser que as ciências, cuja origem é tão pura e a finalidade tão louvável, engendrem tantas impiedades, tantas heresias, tantos erros, tantos sistemas absurdos, tantas contrariedades, tantas inépcias, tantas sátiras amargas, tantos romances miseráveis, tantos versos licenciosos, tantos livros obscenos; e naqueles que as cultivam, tanto orgulho, tanta cobiça, tanta malignidade, tantas cabalas, tantas invejas, tantas mentiras, tantas vilanias, tantas calúnias, tantas adulações cobardes e vergonhosas? Eu afirmava que a razão para isso se prendia ao facto de a belíssima ciência, por muito sublime que fosse, não ser feita para o homem; que este tem o espírito demasiado limitado para fazer nela grandes avanços e demasiadas paixões no coração para não lhe dar um mau uso; que para ele bastava estudar bem os seus deveres, e que todos receberam para tal estudo todas as luzes necessárias. O meu adversário confessa, por sua vez, que as ciências se tornam nefastas quando as usamos mal, e que muitos o fizeram efetivamente. Julgo que neste caso não dizemos coisas muito diferentes. Acrescento, é verdade, que abusamos muito delas e que se abusa sempre, e não me parece que se tenha defendido o contrário na resposta.

Posso assim assegurar que os nossos princípios, e, em consequência, todas as proposições que deles se podem deduzir, em nada se opõem, e era isto que tinha de provar. Entretanto, quando chegamos ao fim, as nossas conclusões mostram-se contrárias. A minha conclusão defendia que, porque as ciências fazem mais mal aos costumes do que bem à sociedade, seria desejável que os homens se entregassem a elas com menos paixão. A conclusão do meu adversário defende que, apesar de as ciências fazerem muito mal, não podemos deixar de as cultivar graças ao bem que fazem. Deixo não ao público, mas ao pequeno número dos verdadeiros filósofos, a decisão sobre qual destas duas conclusões se deve preferir.

Resta-me fazer algumas breves observações de certos momentos desta resposta que me pareceram falhos daquela exatidão que admiro tantas vezes nos outros, e que terão talvez contribuído para a conclusão errada que o autor extrai deles.

A obra começa com algumas considerações pessoais às quais não darei importância senão enquanto servirem para esclarecer a questão. O autor honra-me com vários elogios, e isso garante-me um bom começo. Mas há muito pouca proporção entre estas coisas. Um silêncio respeitoso sobre os objetos da nossa admiração é amiúde mais conveniente do que louvores indiscretos.([1])

O meu discurso, diz-se, tem algo surpreendente;([2]) julgo que isto exige um certo esclarecimento. Parece ainda

---

([1]) Todos os príncipes, bons e maus, serão sempre servil e indiferentemente louvados enquanto existirem cortesãos e homens de letras. Quanto aos príncipes que são grandes homens, precisam de elogios mais moderados e mais bem escolhidos. A lisonja ofende a sua virtude, e o próprio louvor pode prejudicar a sua glória. Sei, pelo menos, que Trajano seria muito mais extraordinário aos meus olhos se Plínio nunca tivesse escrito. Se, de facto, Alexandre tivesse sido aquilo que aparentava ser, jamais teria pensado no seu retrato ou na sua estátua; mas para o seu panegírico, só a um lacedemónio o permitiria mesmo correndo o risco de não ter nenhum. O único elogio digno de um rei é aquele que se faz ouvir não da boca mercenária de um orador, mas pela voz de um povo livre.

([2]) É a própria questão que pode causar surpresa. Importante e bela questão como nenhuma outra e que pode muito bem não ser novamente colocada tão cedo. A Academia francesa acaba de propor para o prémio de eloquência do ano de 1752 um tema muito semelhante àquele. Trata-se

surpreender o facto de ter sido premiado. Todavia, não é um fenómeno assim tão extraordinário ver textos medíocres premiados. Num sentido completamente distinto, esta surpresa seria tão honrosa para a Academia de Dijon quanto injuriosa para a integridade das academias em geral; e a vantagem que poderia extrair para a minha causa é facilmente percetível.

Devido a frases buriladas muito agradavelmente, sou acusado de contradição entre a minha conduta e a minha doutrina. Sou censurado por ter eu próprio cultivado os estudos que condeno.(3) Sendo que a ciência e a virtude são incompatíveis, como se alega que me esforcei por provar, questionam-me, com um tom bastante insistente, como ouso empregar uma, declarando-me pela outra.

Envolver-me pessoalmente na questão desta maneira é revelador de uma grande astúcia. Esta referência pessoal não pode deixar de me embaraçar na minha resposta, ou antes, nas minhas respostas; porque infelizmente tenho mais do que uma para dar. Procuremos, contudo, que nelas a clareza substitua a ausência de elegância.

1. Que a cultura das ciências corrompe os costumes de uma nação foi o que arrisquei defender, foi o que ousei acreditar ter provado. Mas como seria possível eu afirmar que em cada indivíduo em particular a ciência e

---

de defender que o *Amor das letras inspira o amor da virtude.* A Academia não julgou adequado deixar um tema destes na forma de uma questão; e, para esta ocasião, esta sábia companhia duplicou o tempo que concedia anteriormente aos autores, mesmo para os temas mais difíceis.

(3) Não saberia justificar-me, como muitos outros, sobre aquilo que não depende de nós na nossa educação e sobre o facto de não nos consultarem quando nos envenenam. Foi de muito bom grado que me lancei no estudo; e foi com ainda maior ardor que o abandonei, quando me apercebi da agitação que provocava na minha alma sem qualquer proveito para a minha razão. Não espero mais nada de um ofício ilusório, no qual se julga fazer muito por sabedoria, quando se faz tudo por vaidade.

virtude são incompatíveis, eu que exortei os príncipes a convocar os verdadeiros doutos para a sua corte e a oferecer-lhes a sua confiança, a fim de que se veja por uma vez o que a ciência e a virtude reunidas podem fazer pela felicidade do género humano? Admito que esses homens verdadeiramente doutos são uma minoria; porque para usar bem a ciência, é preciso reunir grandes talentos e grandes virtudes. Ora, se isso é algo com que podemos contar em algumas almas privilegiadas, não devemos esperá-lo em todo um povo. Logo, não é possível concluir dos meus princípios que um homem não possa ser em simultâneo douto e virtuoso.

2. Menos possível ainda será acusar-me pessoalmente desta suposta contradição, ainda que ela exista de facto. Eu amo a virtude, o meu coração é disso testemunha; também me diz demasiado claramente o quão apartado está esse amor da prática que torna o homem virtuoso. Além disso, estou muito longe de possuir ciência e mais ainda de fingir que a possuo. Julgara que a confissão ingénua que fiz no início do meu Discurso me preservaria dessa imputação; pelo contrário, temia que me acusassem de ajuizar acerca de coisas que não conhecia. É de imediato evidente o quão impossível me era evitar ao mesmo tempo essas duas censuras. Quem sabe se alguém não decidirá combiná-las, por muito imerecido que seja, se não me apressar a condenar esta?

3. A este respeito, poderia referir o que diziam os pais da igreja acerca das ciências mundanas que desprezavam, e das quais, entretanto, se serviam para combater os filósofos pagãos. Poderia citar a comparação que faziam com os vasos de ouro e prata roubados pelos israelitas aos egípcios.(*) No entanto, como última resposta, contentar-me-ei em colocar esta questão: se alguém

(*) Cf. Êxodo 3, 22 e 12, 35. [*N. do T.*]

viesse para me matar e eu tivesse a sorte de me apoderar da sua arma, estaria proibido, antes de a lançar fora, de me servir dela para o afugentar?

Se a contradição de que sou acusado não existe, não é necessário supor por isso que eu tenha querido apenas divertir-me a propósito de um paradoxo insignificante. E julgo que isso é tanto menos necessário quanto o tom que assumi, por muito cruel que pudesse ser, não ser aquele que se emprega nos gracejos espirituosos.

É tempo de me calar sobre aquilo que me diz respeito; nada se ganha em falar de si, e é uma indiscrição que o público dificilmente perdoa, mesmo quando se é forçado a isso. A verdade é tão independente daqueles que a atacam e daqueles que a defendem, que os autores que a debatem deviam claramente esquecer-se uns aos outros; isso poupar-lhes-ia muito papel e tinta. Mas esta regra, tão simples de praticar comigo, não o é de todo em relação ao meu adversário; e esta é uma diferença a favor da minha réplica.

O autor, notando que eu ataco as ciências e as artes pelos seus efeitos sobre os costumes, responde-me com um inventário das utilidades que se podem retirar delas em todas as circunstâncias. É como se, para justificar um acusado, fosse suficiente provar que está muito bem de saúde, que tem bastante habilidade ou que é muito rico. Contanto que me concedam que as artes e as ciências nos tornam homens desonestos, não discutirei o facto de nos serem, por outro lado, muito vantajosas. É mais uma conformidade que terão com a maior parte dos vícios.

O autor vai mais longe e afirma igualmente que o estudo é necessário para admirarmos as belezas do universo, e que o espetáculo da natureza, exposto, aparentemente, aos olhos de todos para instrução dos homens simples, exige ele próprio muita instrução nos observadores para ser enxergado. Confesso que esta tese me surpreende: será que foi ordenado a todos os homens que fossem filósofos, ou que só os filósofos acreditassem em Deus? A Escritura exorta-nos em mil ocasiões a que adoremos a grandeza e a bondade de Deus nas maravilhas das suas obras; não creio que nos tenha prescrito em momento algum o estudo da física, ou que o autor da natureza seja menos bem adorado por mim, que não sei nada, do que por aquele que conhece o cedro, ou o hissopo, ou a tromba da mosca, ou a do elefante.

Julgamos ter dito aquilo que as ciências fazem, quando aquilo que sempre dissemos foi o que deveriam fazer. No entanto, as duas parecem-me muito diferentes. Eu sei, o estudo do universo deveria elevar o homem ao seu Criador; mas eleva apenas a vaidade humana. O filósofo, que se vangloria de penetrar nos segredos de Deus, ousa associar a sua pretensa sabedoria à sabedoria eterna. Aprova, desaprova, corrige, prescreve leis à natureza e limites à divindade; e enquanto se vai ocupando com os seus fúteis sistemas e suportando mil esforços para organizar a máquina do mundo(*), o lavrador, que vê a chuva e o Sol, um após outro, fertilizar o seu campo, admira, louva e bendiz a mão da qual recebe essas graças, sem se preocupar com a maneira como elas lhe chegaram. Não tenta justificar a sua ignorância ou os seus vícios com a sua incredulidade. Não censura as obras de Deus, nem afronta o seu senhor para fazer brilhar a sua soberba. O dito ímpio de Afonso X nunca cairá no espírito de um homem comum.(**) Essa blasfémia estava reservada a uma boca instruída.

A curiosidade natural ao homem, adiantam, *inspira-lhe o desejo de aprender.* Devia, portanto, trabalhar para a conter, como todas as suas tendências naturais. *As suas carências fazem-no*

(*) Alusão ao cartesianismo. [*N. do T.*]

(**) Rousseau refere-se a uma frase alegadamente proferida por Afonso X pela qual afirmava que se Deus lhe tivesse pedido opinião quando criou o mundo, ele lhe teria dado bons conselhos. [*N. do T.*]

sentir necessidade disso. Em muitos aspetos, o conhecimento é útil; no entanto, os selvagens são homens e não sentem esta necessidade. *As suas ocupações obrigam-nos a isso.* Obrigam-nos muito mais frequentemente a renunciar ao estudo e a dedicarem-se aos seus deveres.(4) *Os seus progressos levam-no a desfrutar os seus prazeres.* Precisamente por isso, deveria desconfiar deles. *As suas primeiras descobertas aumentam a avidez que tem de conhecimento.* Isso ocorre, de facto, àqueles que têm talento. *Quanto mais conhece, mais sente que tem conhecimento a adquirir*; ou seja, que o uso de todo o tempo que perde consiste em estimulá-lo a perdê-lo ainda mais. Porém, só um reduzido número de homens de génio sente a visão da sua ignorância desenvolver-se enquanto aprende, e é para eles apenas que o estudo pode ser benéfico. Assim que espíritos vulgares acreditam saber de facto algo que aprenderam, não há nenhuma espécie de disparate que esta persuasão não os leve a dizer e a praticar. *Quanto mais adquire conhecimentos, mais facilidade tem em agir corretamente.* Torna-se evidente que, falando desta maneira, o autor examinou muito mais o seu coração do que observou os homens.

Avança ainda que é bom conhecer o mal para aprender a fugir dele; e dá a entender que não pode assegurar-se da sua virtude senão após tê-la posto à prova. Estas máximas são, no mínimo, duvidosas e sujeitas a muitas disputas. Não é seguro que para aprender a agir corretamente se seja obrigado a saber de quantas maneiras se pode fazer o mal. Possuímos um guia interior, bem mais infalível do que todos os livros, e que nunca nos abandona na necessidade. Isso bastaria para nos orientar inocentemente, se estivéssemos sempre disponíveis para o ouvir; e de que modo se estaria obrigado a testar as suas forças para comprovar a sua virtude, quando

(4) Que falte tanta ciência naqueles que a conduzem é um sinal contra a sociedade; se os homens fossem o que devem ser, quase não teriam necessidade de estudar para aprender as coisas que têm de fazer.

uma das formas de praticar a virtude consiste em fugir das ocasiões para o vício?

O homem sábio está continuamente atento e desconfia sempre das suas próprias forças; reserva toda a sua coragem para a necessidade e nunca se expõe sem razão. O fanfarrão é aquele que se vangloria constantemente de mais do que aquilo que consegue fazer e que, após ter desafiado toda a gente, se deixa vencer no primeiro confronto. Pergunto qual destes dois retratos se assemelha mais a um filósofo a contas com as suas paixões.

Criticam-me por ter tido a presunção de tomar os meus exemplos de virtude aos antigos. É muito provável que tivesse encontrado outros ainda, se tivesse podido ir mais atrás. Citei igualmente um povo moderno, e não é culpa minha se apenas encontrei um(*). Outros criticam-me ainda, a propósito de uma máxima geral, de paralelismos odiosos, nos quais, diz-se, está menos presente o zelo e a equidade do que a inveja pelos meus compatriotas e a cólera pelos meus contemporâneos. No entanto, é provável que ninguém ame tanto quanto eu o seu país e os seus compatriotas. Além disso, resta-me apenas uma coisa a dizer: expus as minhas razões e são elas que é preciso pesar. Quanto às minhas intenções, há que deixar o seu juízo unicamente àquele a quem ele compete.

Não posso deixar passar aqui em silêncio uma objeção de monta que já me foi dirigida por um filósofo([5]): *não será*, pergunta-se aí, *ao clima, ao temperamento, à falta de oportunidade, à imperfeição do objeto, à economia do governo, aos costumes, às leis, a qualquer outra causa que não às ciências que se deve atribuir essa diferença nos costumes que se verifica às vezes em diferentes países e em diferentes tempos?*

Esta questão implica uma visão mais ampla e exigiria alguns esclarecimentos excessivamente longos que não se

(*) Refere-se à Suíça. [*N. do T.*]

([5]) D' Alembert, Prefácio da *Encyclopédie*.

enquadram neste texto. De resto, haveria que examinar as relações bastante veladas, mas bastante reais, que se descobrem entre a natureza do governo e o génio, os costumes e os conhecimentos dos cidadãos; e isso lançar-me-ia em discussões subtis, que poderiam levar-me demasiado longe. Além do mais, seria muito difícil para mim falar de governo sem dar ao meu adversário demasiada vantagem; e ponderando tudo muito bem, são bons estudos para se fazer em Genebra e noutras circunstâncias.

Passo a uma acusação bem mais grave do que a objeção precedente. Vou transcrevê-la por completo, porque é importante colocá-la fielmente sob olhar do leitor.

Quanto mais o cristão examina a autenticidade dos seus títulos, mais se assegura da posse da sua crença; quanto mais estuda a revelação, mais se fortifica na fé. É nas divinas escrituras que lhe descobre a origem e a excelência; é nos doutos escritos dos pais da igreja que, século após século, lhe segue o desenvolvimento; é nos livros de moral e nos anais santos que ele encontra os seus exemplos e os aplica.

Como?! A ignorância privará a religião e a virtude de apoios tão importantes?! E será um doutor de Genebra que ensinará da cátedra que é a ela que devemos a irregularidade dos costumes?! Seria razão para um maior espanto ouvir um tão estranho paradoxo se não se soubesse que a singularidade de um sistema, por muito perigoso que seja, não é senão um motivo mais para quem tem por regra apenas o seu próprio pensamento.

Atrevo-me a perguntar ao autor: como foi possível ter oferecido uma tal interpretação dos princípios que estabeleci? Como foi possível acusar-me de criticar o estudo da religião, eu, que critico sobretudo o estudo das nossas inúteis ciências porque nos desvia do estudo dos nossos deveres? E que é o estudo dos deveres do cristão, senão o estudo da sua própria religião?

Não há dúvida de que devia ter criticado explicitamente todas essas pueris subtilezas da escolástica que sob pretexto de esclarecer os princípios da religião, lhe destroem o espírito, substituindo a humildade cristã pelo orgulho científico. Devia ter-me erguido com mais furor contra esses ministros precipitados, os primeiros a ousarem colocar as mãos na Arca a fim de reforçar, com o seu frágil saber, um edifício suportado pela mão de Deus. Devia ter-me indignado contra esses homens levianos, que, pelas suas miseráveis questiúnculas, degradaram a sublime simplicidade do Evangelho e reduziram a silogismos a doutrina de Jesus Cristo. Mas hoje trata-se de me defender e não de atacar.

Vejo que é pela via da história e dos factos que temos de terminar esta discussão. Se conseguisse expor em poucas palavras o que as ciências e a religião partilharam desde o começo, talvez isso servisse para decidir a questão a este respeito.

O povo que Deus escolheu nunca cultivou as ciências e nunca ninguém lhe aconselhou o estudo. No entanto, se esse estudo fosse bom para alguma coisa, teriam mais necessidade dele do que qualquer outro. Ao contrário, os chefes esforçaram-se sempre por mantê-lo separado tanto quanto possível das nações idólatras e instruídas que o rodeavam. Uma precaução que, no seu caso, era menos necessária do lado das segundas do que das primeiras, posto que este povo fraco e primitivo era muito mais fácil de seduzir pelas falsidades dos padres de Baal do que pelos sofismas dos filósofos.

Após uma difusão mais constante por entre os egípcios e os gregos, a ciência teve, apesar disso, imensas dificuldades em germinar nas cabeças dos hebreus. José e Fílon, que em qualquer outro lugar seriam tão-só homens medíocres, foram prodígios entre eles. Os saduceus, reconhecíveis pela sua irreligião, foram os filósofos de Jerusalém; os fariseus, grandes hipócritas([6]), foram os doutores. Estes, ainda que

([6]) Via-se reinar entre estes dois partidos esse ódio e desprezo recíproco que reinaram desde sempre entre os doutores e os filósofos; ou seja, entre aqueles que fazem da sua cabeça um repertório da ciência

limitassem a sua ciência a pouco mais do que o estudo da Lei, empreenderam-no com toda a pompa e presunção dogmática; observaram também, com um enorme rigor, todas as práticas da religião. Mas o evangelho ensina-nos o espírito dessa exatidão, e a importância que é preciso dar-lhe. Além disso, todos eles possuíam pouca ciência e muito orgulho; e não é nesse particular que mais diferem dos nossos doutores de hoje.

No estabelecimento da nova Lei, não foi de todo aos doutos que Jesus Cristo pretendeu confiar a sua doutrina e o seu ministério. Nesta escolha, seguiu a predileção pelos pequenos e simples, que mostrou em todas as ocasiões. E nas instruções que dava aos seus discípulos, não se encontra uma só palavra resultante de estudo ou de ciência, exceto para assinalar o desprezo que sentia por tudo isso.

Após a morte de Jesus Cristo, doze pobres pescadores e artesãos empreenderam a instrução e conversão do mundo. O seu método era simples: pregavam sem arte, mas com um coração arrebatado, e de todos os milagres com que Deus agraciava a sua fé, o mais impressionante era a santidade das suas vidas. Os discípulos seguiram este exemplo e o sucesso foi extraordinário. Alarmados, os sacerdotes pagãos deram a entender aos príncipes que o Estado estava perdido, porque as oferendas diminuíam. As perseguições aumentaram, e os perseguidores mais não fizeram do que acelerar os progressos dessa religião que queriam abafar. Todos os cristãos correram para o martírio, todos os povos correram para o batismo. A história desses primeiros tempos é um prodígio contínuo.

---

feita por outros e aqueles que têm a presunção de possuir uma própria. Colocai frente a frente o mestre de música e o mestre de dança do fidalgo burguês; ficareis com o antiquário e o espirituoso; o químico e o homem de letras; o jurisconsulto e o médico; o geómetra e o versejador; o teólogo e o filósofo; para ajuizar corretamente toda esta gente, basta confiar neles próprios, e escutar o que cada um vos diz não de si mesmo, mas dos outros.

Entretanto, os sacerdotes dos ídolos, não satisfeitos em perseguir os cristãos, compraziam-se em caluniá-los. Os filósofos, que não viam vantagem numa religião que prega a humildade, uniram-se aos seus sacerdores. O escárnio e as injúrias choviam de todos os lados sobre a nova seita. São Justino Martir([7]) foi o primeiro a escrever a apologia da sua fé. Por sua vez, os pagãos foram atacados, e atacá-los

---

([7]) Estes primeiros escritores que lacravam o testemunho da sua pena com o seu sangue seriam hoje autores verdadeiramente escandalosos; porque defendiam precisamente a mesma opinião que eu. São Justino, no seu diálogo com Trifão, passa em revista as diversas seitas de filosofia que examinara outrora, e torna-as tão ridículas que se acreditaria estar a ler um diálogo de Luciano: e na Apologia de Tertuliano também se vê como os primeiros cristãos se sentiram ofendidos porque foram confundidos com filósofos.

De facto, a exposição das máximas perniciosas e dos dogmas ímpios das diversas seitas seria um detalhe bastante desonroso para a filosofia. Os epicuristas negavam toda a providência, os académicos duvidavam da existência da divindade e os estoicos da imortalidade da alma. As opiniões das seitas menos célebres não eram melhores; eis um fragmento de entre os de Teodoro, líder de um dos dois ramos dos cirenaicos, relatado por Diógenes Laércio: *Sustuli amicitiam quod ea neque insipientibus neque sapientibus adsit. [...] Probabile dicebat prudentem virum non seipsum pro patria periculis exponere, neque enim pro insipientium commodis amittendam esse prudentiam. Furto quoque et adultério et sacrilégio cum tempestivum erit daturum operam sapientem. Nihil quippe horum turpe natura esse. Sed auferatur de hisce vulgaris opinio, quae è stultorum imperitorumque plebécula conflata est [...] sapientem publice absque ullo pudore ac suspicione scortis congressurum.* [«Ele descartou a amizade porque ela não era favorável nem aos ignorantes nem aos doutos... Dizia que é razoável que o homem prudente não corra riscos pela pátria; que não devia efetivamente renunciar a essa prudência em prol de imbecis. Professava que o sábio, sempre que oportuno, podia entregar-se ao roubo, ao adultério como ao sacrilégio. De facto, nada é vergonhoso em si. Devíamos afastar, segundo ele, uma opinião nascida na opinião popular dos tolos e ingénuos [...] o sábio podia frequentar abertamente as cortesãs sem que, por isso, se tornasse objeto de censura», Diógenes Laércio, *Vidas dos filósofos*, Aristipo]

era vencê-los, e os primeiros sucessos encorajaram outros escritores. Sob pretexto de expor a torpeza do paganismo, lançámo-nos na mitologia e na erudição;(8) quisemos mostrar saber e espírito, os livros surgiram em massa e os costumes começaram a relaxar.

Dado que era obrigatório mostrar sempre mais espírito que os predecessores, depressa a simplicidade do Evangelho e da fé dos apóstolos deixou de ser suficiente. Todos os dogmas foram alvo de especulação, todos quiserem defender a sua opinião, ninguém quis ceder. A ambição de ser líder de uma seita manifestou-se, as heresias brotaram de todos os lados.

Estas opiniões são particulares, eu sei; mas de entre todas as seitas, haverá alguma que não tenha caído em nenhum erro perigoso? E que dizer da distinção entre duas doutrinas tão avidamente abraçadas por todos os filósofos, e de acordo com a qual professavam em segredo opiniões contrárias às que ensinavam publicamente? Pitágoras foi o primeiro a recorrer à doutrina interior; não a revelou aos seus discípulos senão após longas reflexões e com o maior mistério; deu-lhes secretamente lições de ateísmo e ofereceu solenemente hecatombes a Júpiter. Os filósofos sentiram-se tão bem com este método que ele se espalhou rapidamente pela Grécia, e daí para Roma, como se vê através das obras de Cícero, que troçava com os seus amigos dos deuses imortais, e que demonstrava tão enfaticamente na tribuna em discursos inflamados. A doutrina interior não foi levada da Europa para a China. Mas também nasceu aí com a filosofia; e é a ela que os chineses devem agradecer por essa multidão de ateus ou filósofos que têm entre eles. A história desta doutrina fatal, elaborada por um homem instruído e sincero, mostraria ser um terrível golpe na filosofia antiga e moderna. Mas a filosofia desafiará sempre a razão, a verdade e o próprio tempo; porque tem a sua origem no orgulho humano, mais forte do que todas estas coisas.

(8) Clemente de Alexandria foi justamente acusado por ter aparentado nos seus escritos uma erudição profana, pouco adequada a um cristão. Todavia, parece que era desculpável nessa altura instruir-se na doutrina contra a qual se defendia. Mas quem poderá assistir sem se rir a todos os esforços a que se prestam hoje os nossos académicos para esclarecer os delírios da mitologia?

A cólera e a violência não tardaram a juntar-se à disputa. Esses cristãos tão dóceis, que pouco mais sabiam além de se deixar matar, tornaram-se, uns para os outros, furiosos perseguidores, piores do que idólatras. Mergulharam todos nos mesmos excessos, e o partido da verdade não foi defendido com maior moderação do que o partido do erro.

Da mesma origem, procede um outro mal ainda mais perigoso. Trata-se da introdução da antiga filosofia na doutrina cristã. À força de estudar os filósofos gregos, acreditámos encontrar neles certas relações com o cristianismo. Revestida da autoridade da filosofia, ousámos acreditar que a religião se tornara mais respeitável; era um tempo em que se devia ser platónico para se ser ortodoxo; e pouco faltou para que Platão, primeiro, e, de seguida, Aristóteles, fosse colocado no altar ao lado de Jesus Cristo.

A igreja rebelou-se mais do que uma vez contra estes abusos. Os seus mais ilustres defensores lamentaram-nos amiúde em termos carregados de força e vigor; tentaram continuamente banir toda essa ciência mundana, que lhe maculava a pureza; um dos mais ilustres papas chegou inclusive ao excesso de zelo de defender que a sujeição da palavra de Deus às regras da gramática se tratava de uma coisa vergonhosa.

Mas bem podiam protestar. Arrastados pela corrente, foram eles próprios obrigados a conformar-se com o uso que condenavam. E foi de uma maneira muito erudita que a maior parte deles declamou contra o progresso das ciências.

Após longos tumultos, as coisas assumiram, enfim, um equilíbrio mais estável. Cerca do século II, a chama das ciências deixou de iluminar a terra; o clero permaneceu mergulhado numa ignorância que não desejo justificar, pois que não incidia menos sobre as coisas que devia saber do que sobre aquelas que lhe eram inúteis, mas graças à qual obteve pelo menos um pouco mais de tranquilidade do que a que sentira até então.

A seguir ao renascimento das letras, as divisões não demoraram a recomeçar, mais terríveis do que nunca. Homens doutos agitaram a querela, homens doutos mantiveram-na viva, e os mais capazes revelaram-se sempre os mais obstinados. Foi em vão que se organizaram debates entre os doutores de diferentes partidos. Ninguém observava aí qualquer amor pela reconciliação, nem porventura pela verdade; observavam todos unicamente o desejo de brilhar a expensas do adversário, cada um desejando vencer, nenhum aprender; o mais forte silenciava o mais fraco; a discussão terminava invariavelmente em injúrias, e a perseguição foi sempre o seu resultado. Só Deus sabe quando terminarão todos estes males.

As ciências florescem atualmente, e a literatura e as artes brilham entre nós. Que proveito tirou disso a religião? Perguntemo-lo a essa multidão de filósofos que se gabam de não ter uma. As nossas bibliotecas transbordam de livros de teologia, e os casuístas formigam entre nós. Noutros tempos, tínhamos santos e nenhum casuísta. A ciência propaga-se e a fé desaparece. Toda a gente quer ensinar a agir corretamente, e ninguém o quer aprender; tornámo-nos todos doutores e deixámos de ser cristãos.

Não, não foi com tanta arte e aparato que o evangelho se propagou por todo o universo e que a sua beleza sedutora penetrou nos corações. Esse livro divino, o único necessário a um cristão, e o mais útil de todos, mesmo para quem não o seja, só precisa de ser pensado para comunicar à alma o amor do seu Autor e a vontade de cumprir os seus preceitos. Nunca a virtude falou uma linguagem tão doce, nunca a mais profunda sabedoria se exprimiu com tanta energia e simplicidade. Ninguém abandona a sua leitura sem se sentir melhor do que antes. Ó vós, ministros da lei que me é anunciada, tende menos trabalho a instruir-me nas tantas coisas inúteis; abandonai todos esses livros doutos, que não me convencem nem emocionam; prostrai-vos aos pés desse Deus de misericórdia que tendes como tarefa dar-me a conhecer e a amar; pedi-Lhe para vós essa humildade profunda que deveis pregar-me; não me ostentem ao olhar essa ciência orgulhosa, nem esse fausto indecente que vos desonram e me revoltam; sede vós próprios tocados, se quiserdes que eu o seja; e sobretudo, mostrai-me na vossa conduta a prática dessa lei na qual pretendeis instruir-me. Não necessitais de saber ou de me ensinar mais nada, e a vossa função estará cumprida. Não se trata aqui de arte literária ou de filosofia. É assim que convém seguir e pregar o evangelho, foi assim que os seus primeiros defensores o fizeram triunfar em todas as nações, *non Aristotelico more,* diziam os pais da igreja, *sed Piscatorio* [não à maneira de Aristóteles, mas do Pescador].

Sinto que me demoro, mas entendi não poder evitar alongar-me um pouco acerca de um tema desta importância. Ademais, os leitores impacientes devem reconhecer que a crítica é uma coisa realmente confortável, porque, ao passo que basta uma só palavra para atacar, são necessárias páginas para se defender.

Avançarei para a segunda parte da resposta, em que tratarei de ser mais breve, embora não veja nela menos observações a fazer.

Não foi das ciências, dizem-me, *foi das riquezas que nasceu, em todos os tempos, a indolência e o luxo.* Nem eu disse que o luxo nascera das ciências, mas que nasceram juntas, e que uma quase implica a outra. Eis como representaria esta genealogia. A primeira origem do mal é a desigualdade, e da desigualdade nasceram as riquezas, porque os termos pobre e rico são relativos, e onde quer que os homens sejam iguais, não haverá ricos ou pobres. Das riquezas, "nasceu" o luxo e a ociosidade, e do luxo vieram as belas-artes, da ociosidade, as ciências. *Nunca as riquezas foram apanágio dos doutos.* É exatamente nesse aspeto que o mal é maior, porque os ricos e os doutos servem apenas para se corromperem mutuamente.

Se os ricos fossem mais doutos, ou os doutos mais ricos, uns seriam menos folgados a elogiar, os outros não teriam tanto gosto na lisonja vulgar e todos se valorizariam com isso. É o que se pode verificar pelo pequeno número daqueles que têm a felicidade de ser doutos e ricos ao mesmo tempo. *Por cada Platão na opulência, por cada Aristipo respeitado na corte, quantos filósofos são reduzidos à mendicidade, cobertos apenas com a sua própria virtude e ignorados na sua solidão?* Não nego que exista um grande número de filósofos muito pobres e seguramente muito aflitos com isso; por outro lado, também não duvido de que é apenas à sua pobreza que a maioria deve a sua filosofia. Mas mesmo que quisesse admitir a sua virtude, seria sobre os seus costumes que o povo, que não os vê, aprenderia a reformar os seus? *Os doutos não têm nem o gosto, nem o tempo livre para acumular grandes bens.* Estou disposto a aceitar que não têm o tempo livre. *Eles amam o estudo.* Aquele que não amasse a sua profissão seria um louco ou bastante infeliz. *Eles vivem na miséria.* É preciso ser muito benevolente com eles para fazer disso um mérito. *Uma vida laboriosa e moderada, passada no silêncio do isolamento, ocupada com a leitura e o trabalho, não é certamente uma vida voluptuosa e criminal.* Pelo menos, não aos olhos dos homens; tudo depende do interior. Um homem pode ser obrigado a levar uma tal vida e, no entanto, possuir a alma muito corrompida; de resto, que importa que ele próprio seja virtuoso e modesto se os trabalhos de que se ocupa alimentam a ociosidade e corrompem o espírito dos seus concidadãos? *Apesar de as comodidades da vida poderem ser amiúde o fruto das artes, nem sempre os artistas partilham do seu benefício.* Não me parece que sejam pessoas para as recusar; sobretudo aqueles que se ocupam de artes inteiramente inúteis, e, por conseguinte, muito lucrativas, estão em condição de adquirir tudo aquilo que desejam. *Eles trabalham unicamente para os ricos.* Da maneira como as coisas estão, não me espantaria ver um dia os ricos a trabalhar para eles. *E são os ricos ociosos que beneficiam e abusam dos frutos do seu trabalho*. Uma vez mais, não me parece que os nossos artistas sejam gente assim tão simples e tão modesta. Seria impossível ao luxo reinar numa classe de cidadãos sem deslizar de imediato para todas as outras sob diferentes variações, provocando por todo o lado a mesma devastação.

O luxo corrompe tudo, seja o rico que usufrui dele, seja o pobre que o cobiça. Usar rendas, um vestido bordado e uma mala com uma caixa de rapé não se dirá que seja um mal em si. Mas é um mal muito grande conceder a mínima importância a estas ninharias, considerar feliz o povo que as usa e que, para estar em posição de adquirir outras iguais, dedica um tempo e cuidados que todo o homem deve a objetos mais nobres. Não preciso de saber a profissão daquele que se ocupa com tais projetos para saber o juízo que devo fazer dele.

Omiti o belo retrato dos doutos que aqui nos é oferecido, e creio que mereço algum crédito por essa cortesia. O meu adversário é menos indulgente: não só não me concede nada que não me possa recusar, como prefere desculpar-lhe a hipocrisia, ao invés de condenar o mal que penso da nossa vã e falsa delicadeza. Pergunta-me se gostaria que o vício fosse manifesto abertamente? Seguramente que sim. A confiança e a estima renasceriam entre os bons, talvez aprendêssemos a desconfiar dos malvados e a sociedade seria então mais segura. Prefiro que o meu inimigo me ataque de frente do que pelas costas, à traição. Mas quê! Tem o escândalo de juntar-se ao crime? Não sei. Mas gostaria muito que não se juntasse a falsidade. Todas as máximas que nos debitam desde há tanto tempo sobre o escândalo constituem para os viciosos algo muito cómodo. Se as seguíssemos escrupulosamente, teríamos de nos deixar roubar, trair, matar impunemente e nunca condenar ninguém, porque um celerado na roda é uma visão muito escandalosa. Mas não é a hipocrisia uma homenagem que o vício presta à virtude? Sim, como a dos assassinos de César, que se prostravam a seus pés para se certificarem de que o matavam. Este pensamento pode ser brilhante, o afamado nome do seu autor pode conferir-lhe autoridade, mas não será por isso mais correto. Dir-se-á de um ladrão que assume a aparência dos serviçais de uma casa para dar o seu golpe mais facilmente, que presta homenagem ao senhor da casa que rouba? Não; cobrir a sua maldade com o perigoso manto da hipocrisia não é honrar a virtude; é insultá-la profanando os seus padrões; é acrescentar a todos os outros vícios a cobardia e a falsidade; é fechar-se para sempre a qualquer regresso à probidade. Existem caracteres nobres que até no crime transmitem algo orgulhoso e generoso, que revelam ainda uma qualquer centelha desse fogo celeste gerado para animar as almas nobres. Mas a alma vil e rasteira da hipocrisia é semelhante a um cadáver no qual já não há fogo, nem calor, nem vitalidade. Apelo à experiência. Conhecem-se grandes malfeitores que olharam para si mesmos, acabaram a vida sadiamente e morreram salvos. Uma coisa que nunca se viu, porém, foi um hipócrita tornar-se num homem de bem. Talvez fosse razoável tentar converter Cartouche, mas nunca um sábio terá tentado converter Cromwell.

Atribuí ao restabelecimento das letras e das artes a elegância e a delicadeza que imperam nas nossas maneiras. O autor da resposta discorda de mim e isso surpreende-me; porque, uma vez que faz tanto caso da delicadeza, e tanto caso das ciências, não percebo a vantagem que lhe trará negar a uma dessas coisas a honra de ter produzido a outra. Mas examinemos as suas provas. Elas reduzem-se a isto. *Não se vê que os doutos sejam mais delicados do que os outros homens. Pelo contrário, são-no muitas vezes menos; logo, a nossa delicadeza não é obra das ciências.*

Do que se trata aqui, note-se, é menos de ciências do que de literatura, de belas-artes e de obras de gosto. E os nossos homens de espírito, tão destituídos de saber quanto é possível sê-lo, mas tão delicados, tão bem relacionados, tão brilhantes, tão janotas, dificilmente se reconhecerão no ar aborrecido e pedante que o autor da resposta lhe imputa. Mas admitamos-lhe esta premissa; vamos conceder, se for preciso, que os doutos, os poetas e os homens de espírito são igualmente ridículos; que os cavalheiros da academia de belas-artes, os cavalheiros da academia de ciências, os cavalheiros da academia francesa são gente rude, que não conhece nem o tom nem os costumes do mundo, e que, pela sua condição, são excluídos das boas relações. O autor ganhará pouco com esta concessão e perderá o direito de negar que a delicadeza e a urbanidade que reinam entre nós sejam o efeito do bom gosto, obtido primeiro dos antigos e disseminado entre os povos da Europa através dos livros encantadores que se publicam por todo o lado.(9) Assim como nem sempre os melhores mestres de dança são aqueles que melhor se exibem, é possível dar-se boas lições de delicadeza sem o próprio querer ou conseguir ser muito delicado. Esses comentadores sensatos que, garantem-nos, sabiam tudo dos antigos com exceção da sua graça e delicadeza não deixaram de nos ensinar a sentir, através das suas fecundas obras, ainda que menosprezadas, essas belezas que nunca sentiram. O mesmo pode ser dito desse prazer do comércio e dessa elegância de costumes que os homens colocaram no lugar da sua pureza

(9) Quando a questão gira em torno de objetos tão gerais como os costumes e as maneiras de um povo, há que cuidar em nunca limitar a sua leitura a exemplos particulares. Seria esse um meio de nunca perceber as causas das coisas. Para saber se tenho razão em atribuir a delicadeza à cultura das letras, não temos de apurar se um douto ou um outro qualquer são pessoas delicadas; mas temos de examinar as ligações que podem existir entre a literatura e a delicadeza, e, de seguida, ver quais são os povos em que estas coisas influem sobre os costumes de uma nação e sobre as quais ouço diariamente tantos raciocínios patéticos. Examinar tudo isto de uma forma limitada, e em alguns indivíduos, não é filosofar, é perder tempo e reflexões; porque é possível conhecer-se a fundo o Pedro ou o Tiago, e ter-se feito muito pouco progresso no conhecimento dos homens.

e que se faz notar entre os povos que honraram as letras, em Atenas, em Roma, na China, por onde quer que a delicadeza ou a linguagem ou as maneiras sejam vistas a acompanhar sempre, não os sábios e os artistas, mas as ciências e as belas-artes.

O autor ataca em seguida o meu elogio à ignorância; e ao mesmo tempo que me acusa de ter falado mais como orador do que como filósofo, acaba por pintar a ignorância. E como seria de esperar, não utilizou cores bonitas.

Não nego que tenha razão, mas não creio estar errado. Será suficiente, para nos conciliar, uma distinção precisa e verdadeira.

Existe uma ignorância feroz e brutal([10]), nascida de um coração malévolo e de um espírito hipócrita; uma ignorância criminosa que se estende até aos deveres da humanidade; que multiplica os vícios; que degrada a razão, rebaixa a alma e torna os homens semelhantes a bestas. É esta ignorância que o autor ataca e da qual traça um retrato bastante odioso e muitíssimo fiel. Existe uma outra espécie de ignorância razoável, que consiste em limitar a curiosidade à extensão das faculdades que se recebeu; uma ignorância modesta, que tem origem num amor vivo pela virtude, e que não inspira senão indiferença por todas as coisas que não são dignas de preencher o coração do homem e que não contribuem para o tornar melhor; uma doce e preciosa ignorância, tesouro de uma alma pura e satisfeita consigo mesma, que põe toda

---

([10]) Espantar-me-ia bastante se um dos meus críticos não aproveitasse o elogio que fiz de vários povos ignorantes e virtuosos para me confrontar com uma lista de todos os bandos que infetaram a terra e que, em geral, não eram indivíduos muito instruídos. Peço-lhes de antemão que não me incomodem com tal questão, a não ser que o façam para me mostrar erudição. Se eu afirmasse que bastaria ser ignorante para ser virtuoso, não valeria a pena responder-me; e, pelo mesmo motivo, irei considerar-me livre de não responder àqueles que perderão o seu tempo a defender o contrário.

a sua alegria em voltar-se para si mesma, em testemunhar a sua inocência, e sem necessidade de procurar uma falsa e vã felicidade na opinião que os outros poderiam ter das suas luzes. Foi esta a ignorância que elogiei e aquela que peço ao céu como punição pelo escândalo que causei aos doutos, pelo meu desprezo declarado pelas ciências do homem.

Compare-se, diz o autor, *esses tempos de ignorância e de barbárie com esses séculos afortunados em que as ciências espalharam ordem e justiça por toda a parte.* Esses séculos afortunados serão difíceis de encontrar; mas mais fácil será encontrar séculos em que, graças às ciências, a ordem e a justiça não serão mais do que termos vazios criados para as impor ao povo, e em que a sua aparência terá sido conservada com cuidado para que pudessem ser, de facto, destruídas mais impunemente. *Assistimos no presente a guerras menos frequentes, mas mais justas*; como poderá a guerra, seja em que tempo for, ser mais justa num dos partidos sem ser mais injusta no outro? Não consigo conceber isso! *Ações menos impressionantes, mas mais heroicas.* Ninguém negará com certeza ao meu adversário o direito de julgar acerca do heroísmo; mas achará ele que aquilo que não considera impressionante também não o será para nós? *Vitórias menos sangrentas, mas mais gloriosas; conquistas menos rápidas, mas mais seguras; guerreiros menos violentos, mas mais temíveis; que sabem vencer com moderação, tratando os vencidos com humanidade; a honra é o seu guia, a glória a sua recompensa.* Não negarei ao autor que existam entre nós grandes homens; ser-lhe-ia demasiado fácil prová-lo. O que não impede que os povos não estejam profundamente corrompidos. Ademais, estas coisas são tão vagas que quase se poderia dizer o mesmo de todas as épocas. E dar uma resposta torna-se impossível, pois teríamos de folhear bibliotecas e escrever volumes inteiros para firmar provas a favor ou contra.

Quando Sócrates maltratou as ciências, parece-me que não podia ter em vista nem o orgulho dos estoicos, nem a moleza dos epicuristas, nem o jargão absurdo dos pirrónicos, visto nenhum destes existir no seu tempo. Mas este ligeiro anacronismo não representa um embaraço para o meu adversário; ele tem mais que fazer à sua vida do que verificar datas, e não está mais obrigado a saber de cor o seu Diógenes Laércio do que eu de ter visto de perto o que sucede nos combates.

Admito, pois, que Sócrates pensou tão-somente em denunciar os vícios dos filósofos do seu tempo. Mas disso apenas concluo que, desde o seu tempo, os vícios proliferam com os filósofos. A isto respondem-me que se trata do mau uso da filosofia e penso não ter dito o contrário. Como?! Será preciso suprimir então todas as coisas das quais se faz um mau uso? Sim, sem dúvida, responderei eu sem hesitar. Todas as que são inúteis, todas aquelas cujo mau uso faz mais mal do que o bem que o seu uso correto gera.

Detenhamo-nos um instante nesta derradeira consequência e evitemos concluir que temos de incendiar hoje todas as bibliotecas e destruir as universidades e as academias. Acabaríamos tão-só por mergulhar a Europa de novo na barbárie, e os costumes não ganhariam nada com isso.([11]) É com tristeza que pronunciarei uma importante e fatal verdade. Do saber à ignorância não dista senão um passo, e é frequente as nações alternarem entre um e outro; no entanto, o que nunca se viu foi um povo que uma vez corrompido regressasse à virtude. Seria inútil que pretendêsseis destruir as fontes do mal, que recusásseis à vaidade, à ociosidade e ao luxo o seu estímulo. Mesmo que reconduzísseis os homens a essa primeira igualdade, protetora da inocência e origem de toda a virtude, os seus corações, uma vez corrompidos, sê-lo-iam para sempre. Já não existe remédio, salvo uma qualquer

---

([11]) *Os vícios manter-se-iam,* diz o filósofo que já citei, *e ademais ficaríamos com a ignorância.* Nas poucas linhas que este autor escreveu a propósito deste importante tema, vê-se que voltou o olhar para esse lado e que viu longe.

revolução quase tão temível quanto o mal que poderia curar, e que é tão criticável desejar e impossível de prever.

Deixemos, por conseguinte, as ciências e as artes temperar de certa forma a ferocidade dos homens que corromperam. Procuremos sabiamente desviar-nos deles e tratemos de iludir as suas paixões. Alimentemos esses tigres de algo, para que não devorem as nossas crianças. As luzes do malvado são ainda menos temíveis do que a sua brutal estupidez. Pelo menos, tornam-no mais circunspecto acerca do mal que poderia fazer, dando-lhe a conhecer aquele que ele próprio sofreria de volta.

Louvei as academias e os seus ilustres fundadores e repetirei de bom grado o elogio. Quando o mal é incurável, o médico aplica paliativos e administra os remédios respeitando menos as necessidades do doente do que o seu temperamento. Cabe aos sábios legisladores imitar a sua prudência; e porque já não lhes é possível oferecer aos povos doentes a mais excelente política, devem, como Sólon, dar-lhes ao menos a melhor que podem suportar.

Na Europa, há um grande príncipe (*) e, mais importante ainda, um cidadão virtuoso, que na pátria que adotou, e tornou ditosa, acaba de criar múltiplas instituições em prol das letras. Fez com isso uma coisa muito digna da sua sabedoria e da sua virtude. Quando se trata de instituições políticas, é o tempo e o lugar que decidem tudo. Para o seu próprio interesse, os príncipes devem favorecer sempre as ciências e as artes; a razão para isso já a disse. E no estado atual das coisas, é preciso que as favoreçam hoje também para interesse dos próprios povos. Se entre nós existisse atualmente algum monarca tão limitado que pensasse e agisse de outro modo, os seus súbditos continuariam pobres e ignorantes e não seriam menos viciosos. O meu adversário descurou tirar vantagem de um exemplo tão extraordinário e tão favorável

---

(*) Refere-se a Estanislau I. [*N. do T.*]

à sua causa; talvez seja o único que o ignora, ou talvez não tenha pensado nele. Que permita, nesse caso, que o lembremos disso, que de modo nenhum recuse aos grandes feitos os elogios que lhes são devidos, que os admire tanto quanto nós e que não se considere por isso mais resguardado contra as verdades que ataca.

Carta de Jean-Jacques Rousseau, de Genebra, a Grimm

A propósito da refutação do seu Discurso pelo senhor Gautier, professor de matemáticas e de história e membro da Academia Real de Letras de Nancy(*)

Devolvo-vos, caro senhor, o *Mercure* de outubro que tivestes a bondade de me emprestar. Li nele com muito prazer a refutação que o senhor Gautier se deu ao trabalho de fazer do meu Discurso. Mas não creio, como defendeis, que lhe devo responder; e aqui tendes as minhas objeções.

(*) Carta enviada a Friedrich Melchior von Grimm (1723–1807), amigo de Rousseau e próximo do círculo dos filósofos iluministas franceses. Gautier era membro da Academia de Nancy, recém-fundada pelo rei Estanislau da Polónia, e gozava na época de um relativa notoriedade. A sua refutação do *Discurso* de Rousseau foi publicada no *Mercure de France* de outubro de 1751. [*N. do T.*]

1. Não consigo convencer-me de que para ter razão tenhamos inevitavelmente de ter a última palavra.
2. Quanto mais releio a refutação, mais me convenço de que não há necessidade de dar ao senhor Gautier outra resposta além do próprio Discurso ao qual respondeu. Lede, por favor, num e noutro escrito as reflexões sobre o luxo, a guerra, as academias, a educação; lede a prosopopeia de Luís, o Grande, e a de Fabrício; lede, por fim, a conclusão do senhor Gautier e a minha, e compreendeis o que quero dizer.
3. Penso tão diferentemente do senhor Gautier em tudo que, se tivesse de realçar os pontos em que discordamos, talvez me visse forçado a combatê-lo até nas coisas que teria concordado com ele e isso dar-me-ia um ar obstinado que gostaria muito de evitar. Por exemplo, quando fala da delicadeza, dá a entender muito claramente que, para se tornar homem de bem, é preciso começar por ser hipócrita e que a falsidade é um caminho seguro para se chegar à virtude. Afirma também que os vícios ornados pela delicadeza não são contagiosos, como seria o caso se se mostrassem sem rodeios e com crueza; que a arte de penetrar no íntimo dos homens fez o mesmo progresso que a arte da dissimulação; que todos se convenceram que não se pode contar com os homens, a menos que agradem ou sejam úteis; que sabemos avaliar as ofertas especiosas da delicadeza; ou seja, parece não haver dúvida de que quando dois homens trocam cumprimentos e um diz ao outro, do fundo do seu coração: *trato-o como um tonto e não quero saber de si*, o outro lhe responde, do fundo do seu: *eu sei que mentis impudentemente, mas retribuo-lhe na mesma moeda.* Se pretendesse empregar a mais amarga ironia, teria podido dizer mais ou menos o mesmo.
4. É evidente em cada página da refutação que o autor não entende, ou não quer entender, a obra que refuta, o

que lhe é decerto muito cómodo; porque ao responder continuamente ao seu próprio pensamento, e nunca ao meu, tem a melhor oportunidade do mundo para dizer tudo o que lhe apetecer. Por outro lado, se a minha réplica se torna então mais difícil, ela torna-se igualmente menos necessária, porque nunca se ouviu dizer que um pintor que expõe em público um quadro devesse examinar os olhos dos espectadores e providenciar óculos a todos aqueles que necessitam deles. De resto, mesmo respondendo, não é certo que me faça entender; por exemplo, eu sei, diria eu ao senhor Gautier, que os nossos soldados não são Reaumurs nem Fontenelles, e tanto pior para eles, para nós, e sobretudo para os inimigos. Eu sei que não sabem nada, que são violentos e grosseiros, e todavia disse, e digo novamente, que são amolecidos pelas ciências que desprezam e pelas belas-artes que ignoram. É um dos grandes inconvenientes da cultura das letras, o de, por alguns homens que iluminam, corromperem toda uma nação sem restar nada. Ora, bem vedes, caro senhor, que este seria tão-somente mais um paradoxo inexplicável para o senhor Gautier; para este senhor Gautier que me pergunta orgulhosamente o que têm os exércitos que ver com as academias; se os soldados terão mais bravura por estarem mal vestidos e mal alimentados; o que quero dizer quando afirmo que, à força de honrar os talentos, as virtudes foram negligenciadas; e outras questões similares que indicam que é impossível responder-lhes de modo inteligível para satisfação daquele que as coloca. Creio que concordais com o facto de não valer a pena explicar-me uma segunda vez para não ser mais bem entendido do que na primeira.

5. Se pretendesse responder à primeira parte da refutação, nunca mais terminaria. O senhor Gautier julga apropriado determinar que autores posso citar e quais

devo rejeitar. A sua escolha é perfeitamente natural: recusa a autoridade daqueles que depõem a meu favor e quer que me apoie naqueles que acredita estarem contra mim. Seria inútil tentar fazê-lo entender que só uma testemunha a meu favor é decisivo, ao passo que cem testemunhas não provam nada contra o meu sentimento, porque as testemunhas são partes no processo; seria inútil rogar-lhe que fizesse distinções nos exemplos que alega; seria inútil mostrar-lhe que ser bárbaro ou criminoso são duas coisas completamente diferentes, e que os povos verdadeiramente corrompidos são menos aqueles que possuem más leis do que aqueles que desprezam as leis. A sua réplica é fácil de antever: como é possível confiar-se em escritores escandalosos que ousam louvar os bárbaros que não sabem ler nem escrever! Como é possível acreditar no pudor daqueles que andam nus e na virtude daqueles que comem a carne crua? Temos, portanto, de debater. Eis, então, Heródoto, Estrabão, Pompónio Mela em contenda com Xenofonte, Justino, Quinto Cúrcio, Tácito; eis-nos assim envolvidos nos estudos críticos, nas antiguidades, na erudição. As brochuras transformam-se em volumes, os livros multiplicam-se, e a questão é esquecida. É este o destino das disputas da literatura, o de, após volumes e volumes de esclarecimentos, acabarmos sempre por não saber mais onde estamos. Nem sequer vale a pena começar.

Se pretendesse responder à segunda parte, fá-lo-ia sem demora; mas talvez não tivesse nada a ensinar a quem quer que fosse; para me refutar, o senhor Gautier limita-se a dizer sim onde digo não, e não onde digo sim; logo, apenas terei de dizer novamente não onde disse não, sim onde disse sim, suprimir todas as provas e terei respondido com rigor. Sendo assim, seguindo o método do senhor Gautier, não posso responder às duas partes da refutação sem dizer de mais ou de menos. Pois bem, gostaria de não fazer nem uma coisa nem outra.

6. Podia seguir um método diferente, e examinar em separado os argumentos do senhor Gautier, e o estilo da refutação.

Se examinasse os seus argumentos, seria fácil mostrar que todos falham o alvo, que o autor não compreendeu o que estava em causa e que não me entendeu.

Por exemplo, o senhor Gautier dá-se ao trabalho de me informar que existem povos viciosos que não são instruídos. De facto, já me ocorrera que os calmucos, os beduínos, os cafres não eram prodígios de virtude ou de erudição. Se o senhor Gautier tivesse o mesmo cuidado em mostrar-me um povo instruído que não fosse vicioso, ter-me-ia surpreendido mais. Afirma insistentemente que eu argumento como se defendesse que a ciência é a única causa de corrupção entre os homens; se acreditou sinceramente nisso, admiro a bondade que mostrou ao responder-me.

Declara que o contacto com o mundo basta para adquirir essa delicadeza da qual um homem galante se orgulha; donde conclui que as ciências não devem ser honradas por isso. Mas, então, permitirá ele que honremos o quê por isso? Desde que os homens vivem em sociedade, alguns povos foram delicados, e outros, não. O senhor Gautier esqueceu-se de nos dar a razão para esta diferença.

O senhor Gautier exprime a toda a hora a sua admiração relativamente à pureza dos nossos atuais costumes. Essa opinião favorável que tem deles honrará certamente os seus; mas não revela uma grande experiência. Pelo tom com que se refere a eles, dir-se-ia que estudou os homens como os peripatéticos estudavam a física, sem sair do seu quarto. Quanto a mim, fechei os livros; e após ter ouvido falar os homens, observei-os enquanto agiam. Não será de admirar que, tendo seguido métodos tão distintos, coincidamos tão pouco nos nossos juízos. Verifico que em nenhum outro século foi possível falar de um modo tão honesto; e é isto que espanta o senhor Gautier. Mas verifico também que nunca tivemos costumes tão corrompidos, e eis o que me escandaliza. Será que pensamos realmente que nos tornámos homens de bem porque, à força de dar nomes decentes aos nossos vícios, aprendemos a já não corar por causa deles?

Afirma ainda que mesmo que fosse possível provar através de factos que a dissolução dos costumes reinou sempre com as ciências, não se concluiria daí que o destino da probidade depende do seu progresso. Depois de ter utilizado a primeira parte do meu Discurso para provar que essas coisas sempre caminharam juntas, destinei a segunda a mostrar que, de facto, uma implica a outra. Portanto, a quem devo eu imaginar que o senhor Gautier quer responder?

Parece-me bastante escandalizado sobretudo com a maneira como falei da educação dos colégios. Informa-me que aí se ensina aos jovens não sei quantas coisas admiráveis, que os podem entreter quando forem adultos, mas confesso que não vejo a ligação entre elas e os deveres dos cidadãos pelos quais é preciso começar a instruí-los. «Perguntamos muito naturalmente "saberá ele grego e latim? Escreve em verso ou em prosa?" No entanto, se ele se tornou melhor ou mais sensato era o principal, e foi isso que ficou para trás. Gritai ao nosso povo a respeito de um transeunte: *oh!, que homem sábio!*, e acerca de um outro, *oh!, que homem bom!* Ele não deixará de olhar e de mostrar o seu respeito pelo primeiro. Seria preciso que um terceiro gritasse: *oh!, que cabeças-duras!*» (1)

---

(1) Montaigne, *Essais*, 1. I, cap. xxv, éd. Villey, t. 1, p. 174.

Afirmei que a Natureza quis preservar-nos da ciência como uma mãe arranca uma arma das mãos do filho, e que a dificuldade que encontramos em instruir-nos não representa o menor dos seus benefícios. O senhor Gautier teria preferido realmente que dissesse: povos, reconhecei de uma vez por todas que a Natureza não quer que vos alimentais das produções da terra; as dificuldades que ela associou à sua cultura é um aviso para que as deixais em pousio. O senhor Gautier não pensou que com um pouco de trabalho se tem a certeza de fazer pão; mas com muito estudo é bastante duvidoso que se consiga fazer um homem sensato. Também não pensou que isto representa justamente uma observação mais a meu favor; de facto, por que razão a Natureza nos impôs certos trabalhos necessários se não fosse para nos desviar das ocupações ociosas? Mas com o desprezo que revela pela agricultura, percebe-se facilmente que, se dependesse dele, todos os trabalhadores desertariam de imediato dos campos para ir argumentar para as escolas, ocupação que, de acordo com o senhor Gautier, e, creio eu, de acordo com muito professores, é importantíssima para a felicidade do Estado.

Refletindo numa passagem de Platão, concluí que talvez os antigos egípcios não atribuíssem às ciências tanta importância quanto se supusera. O autor da refutação pergunta-me como pode esta opinião ser conciliada com a inscrição que Ozymandias(*) tinha colocado na sua biblioteca. Talvez fosse pertinente levantar essa questão no tempo desse príncipe. Hoje morto, pergunto-me onde está a necessidade de fazer coincidir o sentimento do rei Ozymandias com o dos sábios do Egito. Quem me garante que, se tivesse considerado, e sobretudo

(*) Trata-se de Ramsés II, faraó egípcio, que reinou de 1279 a 1213 a.C. [*N. do T.*]

pesado as opiniões, a palavra *veneno* não teria substituído a de *remédios*? Mas deixemos de lado esta inscrição pomposa. Esses remédios são excelentes, admito, e já o repeti inúmeras vezes; mas será esta uma razão para os administrar indiscriminadamente e sem consideração pelo temperamento dos doentes? Tal alimento pode ser muito bom em si mesmo, e apenas causar indigestões e maus humores a um estômago fraco. Que diremos de um médico que após ter elogiado algumas carnes suculentas, concluísse que todos os doentes deviam enfartar-se com elas?

Mostrei que as ciências e as artes diminuem a coragem. O senhor Gautier chama a isso uma forma singular de pensar, e não vê a ligação entre a coragem e a virtude. Não me parece, no entanto, uma coisa muito difícil de compreender. Uma vez acostumado a preferir a vida ao dever, o homem não tardará a preferir também as coisas que tornam a vida fácil e agradável.

Afirmei que a ciência convém a alguns grandes génios, mas que é sempre nociva aos povos que a cultivam. O senhor Gautier diz que Sócrates e Catão, que acusam as ciências, eram todavia eles próprios homens muito cultos, e chama a isso ter-me refutado.

Disse eu que Sócrates era o mais erudito dos atenienses, e que é daí que extraio a autoridade do seu testemunho. Nada disso impede o senhor Gautier de me informar que Sócrates era erudito.

Acusa-me de ter afirmado que Catão desprezava os filósofos gregos; e para isso baseia-se no facto de Carnéades jogar um jogo em que afirmava e negava as mesmas proposições, o que predispôs Catão injustificadamente contra a literatura grega. O senhor Gautier devia dizer-nos realmente qual o país e a profissão deste Carnéades. Não há dúvida de que Carnéades é o único filósofo ou o único académico que se orgulhou de defender os prós e os contras; de outro modo, não significaria absolutamente nada tudo o que o senhor Gautier diz aqui. Neste caso, vou confiar na sua erudição.

Se a refutação não abunda em bons argumentos, em compensação está cheia de belas declamações. Por todo o lado, o autor substitui a solidez das provas que prometia inicialmente por ornamentos artísticos; e esbanja pompa oratória numa refutação ao passo que me censura por a ter empregado num Discurso académico.

Nesse caso, para que fim, diz o senhor Gautier, *tendem as eloquentes declamações do senhor Rousseau*? Para a abolição, se possível, das inúteis declamações dos colégios. *Quem não se indignaria ao ouvi-lo assegurar que assumimos a aparência de todas as virtudes sem possuir nenhuma.* Admito que existe um pouco de elogio em afirmar que temos a aparência das virtudes; mas o senhor Gautier, mais do que qualquer outra pessoa, devia perdoar-me esta [afirmação]. *Bem! Porque é que já não há mais virtude? Porque cultivamos as letras, as ciências e as artes.* Precisamente por isso. *Se fôssemos indelicados, rústicos, ignorantes, godos, hunos ou vândalos, seriamos dignos dos elogios do senhor Rousseau.* Porque não? Existirá algum desses nomes que seja incompatível com a virtude? *Não se cansará de invetivar os homens?* Não se cansarão eles de ser malvados? *Iremos sempre crer que se tornarão virtuosos quando lhes dizemos que não têm virtude suficiente?* Será crível torná-los melhores, persuadindo-os de que são bastante bons? *Sob pretexto de depurar os costumes, será permitido destruir-lhes os fundamentos?* Sob pretexto de iluminar os espíritos, será preciso perverter as almas? *Ó doces laços da sociedade! Amáveis virtudes, charme dos verdadeiros filósofos, é pelos vossos próprios encantos que reinais nos corações; a vossa influência não se deve nem à dureza estoica, nem aos clamores bárbaros, nem aos conselhos de uma orgulhosa rusticidade.*

Antes de mais, assinalarei uma coisa bastante agradável: de todas as seitas dos antigos filósofos que ataquei como inúteis à virtude, os estoicos são o único exemplo que o senhor Gautier me concede, e que parece mesmo desejar colocar do meu lado. Tem razão; não podia ficar mais orgulhoso.

Mas vejamos se seria capaz de dizer por outras palavras o exato sentido desta exclamação: *Ó amáveis virtudes, é pelos encantos que vos são próprios que reinais nas almas! Não tendes necessidade de todo esse grande aparato de ignorância e de rusticidade. Sabeis penetrar no coração por vias mais simples e mais naturais. Basta saber a retórica, a lógica, a física, a metafísica e as matemáticas, para obter o direito de vos possuir.*

Outro exemplo do estilo do senhor Gautier:

Sabeis que as ciências com que se ocupam os jovens filósofos nas universidades são a lógica, a metafísica, a moral, a física, as matemáticas elementares. Se soube, esqueci, como fazemos todos quando chegamos à idade da razão. *Na sua opinião, estas são, portanto, especulações estéreis!* Estéreis segundo a opinião comum; mas, na minha opinião, muito férteis em coisas más. *As universidades têm consigo uma grande dívida por lhes ter ensinado que a verdade dessas ciências se retirou para o fundo de um poço.* Não creio ter ensinado isso a ninguém. Esta sentença não é minha; é tão antiga quanto a filosofia. Além disso, eu sei que as universidades não me devem qualquer reconhecimento, e não ignoro, quando pego na pena, que não posso seduzir os homens e ao mesmo tempo prestar homenagem à verdade. *Os grandes filósofos que as possuem num grau eminente estão sem dúvida bastante surpreendidos por tomarem conhecimento de que não sabem nada.* De facto, creio que esses grandes filósofos que possuem todas essas grandes ciências num grau eminente se surpreenderiam por descobrirem que não sabem nada. Mas eu próprio me surpreenderia mais se esses homens que sabem tantas coisas alguma vez soubessem isso.

Noto que o senhor Gautier, que me trata sempre com a maior delicadeza, não perde nenhuma oportunidade para me arranjar inimigos; a este respeito, os seus cuidados vão desde os professores dos colégios até ao poder soberano. O senhor

Gautier faz muito bem em justificar os usos do mundo; vê-se que não lhe são nada estranhos. Mas voltemos à refutação.

Todas estas maneiras de escrever e de argumentar, que não se adequam a um homem com tanto espírito quanto o senhor Gautier me parece ter, levaram-me a fazer uma conjetura que achareis arriscada, mas que julgo razoável. Acusa-me, muito certamente sem acreditar nisso, de não estar convencido da opinião que defendo. Já eu suspeito, com mais razões, de que concorda comigo em segredo. Os lugares que ocupa, as circunstâncias em que se encontra, tê-lo-ão colocado numa espécie de necessidade de tomar partido contra mim. A probidade do nosso século é boa para muitas coisas; ter-me-á, pois, refutado por probidade; mas terá tomado toda a espécie de precauções e empregado toda a arte possível para o fazer de maneira a não convencer ninguém.

É nesta perspetiva que principia declarando sem necessidade nenhuma que a causa que defende interessa à felicidade da assembleia diante da qual fala e à glória do grande príncipe sob cujas leis tem a graça de viver. É exatamente como dizer: não podeis, caros senhores, sem ingratidão para com o vosso respeitável protetor, dispensar-vos de me dar razão; e mais, é a vossa própria causa que defendo hoje perante vós; assim, independentemente da forma como considereis as minhas provas, tenho o direito de esperar que não sejais demasiado severos quanto à sua solidez. Afirmo que todo o homem que fala assim está mais preocupado em calar aqueles que inveja do que em convencê-los.

Se lerdes atentamente a refutação, dificilmente encontrareis nela uma linha que não pareça estar aí à espera e a indicar a resposta. Um só exemplo basta para me fazer entender.

As vitórias que os atenienses tiveram sobre os persas e sobre os próprios lacedemónios mostram como as artes podem ser combinadas com a virtude militar. Pergunto se não há aqui um ardil para lembrar o que eu disse da derrota de Xerxes, e para me fazer pensar no desenlace da guerra do Peloponeso. *O seu governo, tornado venal sob Péricles, assume uma nova face; o amor do prazer abafa a sua bravura, as funções mais nobres são degradadas, a impunidade multiplica os maus cidadãos, os fundos destinados à guerra são destinados a alimentar a indolência e a ociosidade; qual a relação com as ciências de todas estas causas de corrupção?*

Que faz aqui o senhor Gautier senão recordar toda a segunda parte do meu Discurso, onde mostrei esta relação? Notai a arte com a qual apresenta como causas os efeitos da corrupção, a fim de obrigar todo o homem de bom senso a regredir desde si mesmo até à primeira dessas pretensas causas. Notai ainda como, para deixar o próprio leitor refletir, finge ignorar o que não é suposto que ignore de facto, e tudo aquilo que os historiadores afirmam unanimemente: que a depravação dos costumes e do governo dos atenienses foram obra dos oradores. Por conseguinte, é certo que atacar-me dessa maneira significa muito claramente indicar-me as respostas que devo dar.

Isto não é, apesar de tudo, senão uma conjetura que julgo poder provar. Talvez o senhor Gautier não aprovasse o meu desejo de justificar o seu saber às custas da sua boa-fé. Mas se efetivamente falou com sinceridade quando refutou o meu Discurso, como poderá o senhor Gautier, professor de história, professor de matemática, membro da Academia de Nancy, não desconfiar um pouco de todos os títulos que carrega?

É ponto assente, portanto, que não responderei ao senhor Gautier. Nunca lhe poderei responder seriamente e seguir a refutação passo a passo. Vedes bem o motivo. E recorrer ao *ridiculum acri*, à ironia e ao gracejo mordaz seria não reconhecer os elogios com que me honra o senhor Gautier. Receio que já tenha suficientes razões de queixa do tom desta carta; ao menos não ignorava, quando escreveu a sua refutação, que atacava um homem que não fazia demasiado caso da delicadeza para querer aprender com ela como dissimular o seu sentimento.

De resto, estou pronto a conceder ao senhor Gautier toda a justiça que lhe é devida. A sua obra parece a de um homem de espírito que tem muitos conhecimentos. Outros talvez encontrarão nela a filosofia; quanto a mim, encontro aí muita erudição.

Sempre seu, caro senhor, etc.

P. S. Acabo de ler na *Gazette* de Utrecht, de 22 de outubro, um ostentoso resumo da obra do senhor Gautier, e esse resumo parece escrito expressamente para confirmar as minhas suspeitas. Um autor que tem alguma confiança na sua obra deixa aos outros o cuidado de lhe fazer o elogio e limita-se a fazer dela um bom sumário. O resumo da refutação é feito com tal habilidade que, embora incida unicamente sobre trivialidades que só empregara para servirem de transições, não existe uma sobre a qual um leitor sensato possa ser da opinião do senhor Gautier.

Não é verdade, segundo ele, que seja do vício dos homens que a história extrai o seu principal interesse.

Poderia deixar de lado as provas do raciocínio; mas para enfrentar o senhor Gautier no seu terreno, irei citar-lhe algumas autoridades.

Afortunados os povos cujos reis fizeram pouco ruído na história.

Se um dia os homens se tornarem sábios, a sua história pouco divertirá.

O senhor Gautier diz, com razão, que se uma sociedade se compusesse de homens justos não conseguiria subsistir sem leis; e conclui daí que não é verdade que, sem as injustiças dos homens, a jurisprudência seria inútil. Será que um autor tão sábio confundiria a jurisprudência com as leis?

Poderia deixar outra vez de lado as provas do raciocínio; mas para enfrentar o senhor Gautier no seu terreno, irei citar-lhe factos.

Os lacedemónios não tinham nem jurisconsultos nem advogados, as suas leis não estavam inclusive escritas. Não obstante, tinham leis. Apelo aqui à erudição do senhor Gautier para saber se as leis eram mais mal observadas na Lacedemónia do que nos países onde proliferam as gentes de lei.

Não me deterei em todas as minudências que o senhor Gautier usa e que elabora na *Gazette*. Finalizarei, porém, com esta observação, que submeto ao vosso exame.

Concedamos toda a razão ao senhor Gautier, descartemos do meu Discurso todas as coisas que ele ataca, e as minhas provas terão perdido pouca da sua força. Eliminemos do texto do senhor Gautier tudo aquilo que não toca o fundo da questão e não restará nada.

Concluo, uma vez mais, que não é preciso responder ao senhor Gautier.

Paris, primeiro de novembro, 1751

Última resposta de Jean-Jacques Rousseau, de Genebra(*)

Ne, dum tacemus, non verecundiae sed diffidentiae causa tacere videamur(**)

CIPRIANO, Contra Demet[rianus]

É com repulsa extrema que entretenho com as minhas disputas leitores indolentes que se preocupam muito pouco com a verdade. Mas a maneira como ela acabou de ser atacada,

(*) Apesar do título desta carta, não é esta a última resposta de Jean--Jacques Rousseau aos seus críticos; essa será a carta a Lecat. Charles Borde (1711–1781), ou Bordes, proferiu um discurso (*Discurso sobre os benefícios das ciências e das artes*) diante da Academia de Lyon, em 22 de junho de 1751. Em dezembro do mesmo ano, é publicado no *Mercure de France.* No seguimento do discurso de Charles Bordes, Rousseau, que mantinha com ele relações de amizade ainda que algo distantes, escreveu esta resposta que surge em abril de 1752. [*N. do T.*]

(**) Não fiquemos mais em silêncio por receio de que pareça ditado pela fraqueza e não pela discrição. [*N. do T.*]

obriga-me uma vez mais a tomar a sua defesa, para que o meu silêncio não seja considerado pela multidão como concessão ou desdém pelos filósofos.

Tenho de me repetir, tenho clara noção disso, e o público não mo perdoará. Mas os sábios dirão: este homem não tem necessidade de procurar constantemente novas razões, o que prova a solidez dos seus argumentos. ([1])

Como aqueles que me atacam nunca deixam de se afastar da questão e eliminar as distinções essenciais que aí estabeleci, é necessário começar sempre por remetê-los para elas. Eis, por conseguinte, um resumo das teses que defendi e que defenderei enquanto não me guiar por outro interesse que não o da verdade.

As ciências são a obra-prima do génio e da razão; o espírito de imitação produziu as belas-artes e a experiência aperfeiçoou-as; estamos em dívida para com as artes mecânicas devido a um grande número de invenções úteis que aumentaram os encantos e comodidades da vida. São estas algumas verdades que admito seguramente de muito boa

---

([1]) Existem algumas verdades certíssimas que à primeira vista parecem absurdas e que serão sempre consideradas como tal junto da maioria das pessoas. Ide dizer a um homem do povo que o Sol está mais próximo de nós no inverno do que no verão, ou que se põe antes de deixarmos de o ver, e ele rir-se-á de vós. É o que se passa com a opinião que defendo. Os homens mais superficiais sempre foram os mais lestos a tomar partido contra mim; os verdadeiros filósofos apressam-se menos; e se tenho a glória de ter feito alguns prosélitos, foi apenas entre os últimos. Antes de me explicar, meditei longa e profundamente no meu tema, e tratei de o considerar de todos os ângulos. Duvido que algum dos meus adversários possa dizer o mesmo. Pelo menos, não me apercebi nos seus escritos dessas verdades luminosas que não ferem menos pela sua evidência do que pela sua novidade, e que constituem sempre o fruto e a prova de uma meditação adequada. Arrisco dizer que nunca me fizeram uma objeção razoável que não tivesse previsto e à qual não tenha respondido de antemão. Aqui tendes a razão pela qual me vejo forçado a repetir sempre as mesmas coisas.

vontade. Mas consideremos agora todos esses conhecimentos na sua relação com os costumes. ([2])

Se inteligências celestes cultivassem as ciências, só o bem resultaria daí; digo o mesmo dos grandes homens, que são feitos para guiar os outros. Sócrates, sábio e virtuoso, representou a honra da humanidade, mas os vícios dos homens vulgares envenenaram os mais sublimes conhecimentos e tornaram-nos prejudiciais às nações; os malvados retiraram deles muitas coisas nocivas; os bons obtiveram poucos benefícios. Se nenhum outro além de Sócrates tivesse sido animado pela filosofia em Atenas, o sangue de um justo talvez não tivesse gritado vingança contra a pátria das ciências e das artes. ([3])

([2]) *Os conhecimentos tornam os homens doces*, disse esse filósofo ilustre cuja obra sempre profunda e outrora sublime respira integralmente o amor da humanidade. Escreveu em poucas palavras, e o que é raro, sem retórica, aquilo que de mais sólido alguma vez se escreveu em favor das letras. É verdade, os conhecimentos tornam os homens doces; mas a doçura que é a mais amável das virtudes é também por vezes uma fraqueza da alma. A virtude não é sempre doce; quando o momento surge, ela sabe armar-se de severidade contra o vício, arder de indignação contra o crime.

E o justo não sabe perdoar o malvado.

Foi uma resposta muito sábia aquela de um rei da Lacedemónia aos que louvavam na sua presença a extrema bondade do seu companheiro Carilau. *E como pode ele ser bom*, dizia-lhes, *se não sabe ser terrível com os malvados?* Bruto não era um homem doce; quem teria a audácia de dizer que não era virtuoso? Ao contrário, existem almas cobardes e pusilânimes que não têm fogo nem calor, e que são doces apenas por indiferença para com o bem e o mal. É esta a doçura que inspira aos povos o gosto pelas letras.

([3]) Ter dito precisamente as mesmas coisas que eu, custou a vida a Sócrates. No processo que lhe foi movido, um dos seus acusadores discursava a favor dos artistas, outro dos oradores, o terceiro dos poetas, todos pela pretensa causa dos deuses. Os poetas, os artistas, os fanáticos, os retores triunfaram; e Sócrates morreu. Temo realmente ter honrado em demasia o meu século ao afirmar que, nele, Sócrates nunca teria bebido a cicuta.

Se seria vantajoso aos homens possuir saber, pressupondo que aquilo que designam por este nome o mereça de facto, permanece uma questão a examinar. É, no entanto, uma loucura pretender que as quimeras da filosofia, os erros e mentiras dos filósofos possam alguma vez vir a ser benéficos para alguém. Vamos deixar-nos iludir sempre pelas palavras? E não compreenderemos nunca que estudos, conhecimentos, saber e filosofia são tão-somente simulacros inúteis gerados pelo orgulho humano e indignos dos nomes grandiloquentes que lhes dão?

À medida que o gosto por essas imbecilidades se alastra por uma nação, ela perde o gosto pelas sólidas virtudes; porque, a partir do momento em que se está dispensado de ser homem de bem, contanto que se seja um homem agradável, custa menos destacar-se através de tagarelice do que através de bons costumes.

Quanto mais o interior se corrompe, mais composto se torna o exterior.([4]) É assim que a cultura das letras engendra impercetivelmente a delicadeza. O gosto tem, também, a mesma origem. Uma vez que a aprovação pública constitui o primeiro prémio dos trabalhos literários, é natural que aqueles que deles se ocupam reflitam nos meios de agradar; e são estas reflexões que ao longo do tempo formam o estilo, depuram o gosto e propagam a elegância e a urbanidade por todo o lado. Todas estas coisas serão, se se quiser, o suplemento da virtude, mas nunca se poderá dizer que são a

---

([4]) Nunca assisto à representação de uma comédia de Molière sem admirar a delicadeza dos espectadores. Uma palavra um pouco livre, uma expressão mais grosseira do que obscena, tudo fere os seus castos ouvidos. E não tenho dúvidas de que os mais corrompidos são sempre os mais escandalizados. No entanto, se comparássemos os costumes do século de Molière com os do nosso, alguém acreditaria que o resultado fosse a favor deste? Para a imaginação uma vez maculada, tudo se torna num tema de escândalo; quando não se tem mais nada de bom além do exterior, redobramos os cuidados para o conservar.

virtude e raramente se associarão a ela. Existirá sempre esta diferença, de que aquele que se torna útil trabalha para os outros, e aquele que pensa apenas em tornar-se agradável não trabalha senão para si. O bajulador, por exemplo, não poupa qualquer esforço para agradar e, no entanto, só gera o mal.

A vaidade e a ociosidade que as nossas ciências ocasionaram, ocasionaram também o luxo. O gosto pelo luxo segue sempre o das letras, e o gosto das letras segue sempre o do luxo.(5) Todas estas coisas convivem muito fielmente, uma vez que resultam dos mesmos vícios.

Se a experiência não concordasse com estas teses demonstradas, seria preciso averiguar as causas particulares deste desacordo. Mas a primeira ideia destas teses nasceu, ela própria, de uma longa meditação assente na experiência; e para que se verifique até que ponto ela as confirma, será suficiente consultar os anais do mundo.

Os primeiros homens foram extremamente ignorantes. Como nos atreveríamos a afirmar que estavam corrompidos, numa época em que as fontes da corrupção ainda não jorravam?

Na obscuridade dos tempos ancestrais e na rusticidade dos antigos povos, percebemos virtudes notáveis em muitos deles, nomeadamente uma severidade de costumes que constitui um sinal infalível da sua pureza: a boa-fé, a hospitalidade, a justiça, e, o que é muito importante, um imenso horror

---

(5) Objetaram-me algures com o luxo dos asiáticos, usando essa mesma forma de raciocinar que leva a que me contraponham com os vícios dos povos ignorantes. Mas por uma infelicidade que persegue os meus adversários, eles enganam-se até sobre os factos que nada provam contra mim. Eu bem sei que os povos do Oriente não são menos ignorantes do que nós; mas isso não os impede de serem igualmente vãos e de produzirem quase tantos livros. Os turcos, aqueles que de todos são os que menos cultivam as letras, contavam no seu seio quinhentos e oitenta poetas clássicos em meados do século passado.

à devassidão([6]), mãe fecunda de todos os outros vícios. A virtude não é, pois, incompatível com a ignorância.

Mas também nem sempre é a sua companheira; de facto, vários povos muito ignorantes eram profundamente viciosos.

([6]) Não tenho qualquer intenção de fazer a corte às mulheres; aceito que elas me honrem com o epiteto de pedante, tão temido por todos os nossos galantes filósofos. Sou grosseiro, impertinente, indelicado por natureza, e não quero bajuladores; direi assim a verdade totalmente à vontade.

O homem e a mulher são feitos para se amar e se unir; mas passada esta união legítima, toda a relação de amor entre eles representa uma fonte aterradora de desordens na sociedade e nos costumes. É verdade que, sozinhas, as mulheres poderiam restituir a honra e a probidade entre nós: mas elas desdenham das mãos da virtude uma influência que não parecem atribuir senão aos seus encantos; assim não fazem senão o mal, e sofrem elas próprias com frequência a punição por esta preferência. É difícil conceber como numa religião tão pura a castidade pôde transformar-se numa virtude vulgar e monacal capaz de tornar ridículo todo o homem, e direi quase toda a mulher, que ousasse orgulhar-se disso; ao passo que nos pagãos esta mesma virtude era universalmente honrada, considerada como própria dos grandes homens, e admirada nos seus mais ilustres heróis. Posso nomear três que não têm par, e que, à margem da religião, deram exemplos memoráveis de continência: Ciro, Alexandre e o jovem Cipião. De entre todas as raridades que o gabinete do rei encerra, a única que gostaria de ver era o escudo de prata que foi oferecido a Cipião pelos povos de Espanha e no qual fizeram gravar o triunfo da sua virtude. Era deste modo que os romanos submetiam os povos, quer pela veneração devida aos seus costumes, quer pelo esforço das suas armas. Foi assim que a cidade dos faliscos foi subjugada, e Pirro, vencedor, expulso da Itália.

Lembro-me de ter lido algures uma resposta bastante boa do poeta Dryden a um jovem lorde inglês que o censurava por, numa das suas tragédias, Cleómenes se entreter a conversar intimamente com a sua amante em lugar de conceber um qualquer projeto do seu amor. Quando estou junto a uma bela senhora, dizia-lhe o jovem lorde, sei aproveitar melhor o tempo. Acredito, replicou-lhe Dryden, mas isso também me mostra claramente que não é um herói.

A ignorância não é um obstáculo nem ao bem nem ao mal; ela é meramente o estado natural do homem.([7])

Não se pode dizer o mesmo da ciência. Todos os povos sábios foram corrompidos, e é este já um terrível preconceito contra ela. Mas como as comparações entre povos são difíceis, visto ser necessário considerar um grande número de fatores, e porque são sempre imprecisos num ou noutro ponto, é muito mais seguro seguir-se a história de um mesmo povo e comparar os progressos dos seus conhecimentos com as revoluções dos seus costumes. Pois bem, o resultado deste exame é que o tempo áureo, o tempo da virtude de cada povo, foi o da sua ignorância; e que à medida que se tornou douto, artista e filósofo, perdeu os seus costumes e a sua probidade; decaiu, a este respeito, para o nível das nações ignorantes e viciosas que são a vergonha da humanidade. Se se quiser persistir em encontrar diferenças, posso admitir uma, e é esta: que todos os povos bárbaros, mesmo aqueles sem virtude, honram-na, apesar de tudo, ao passo que, à força de progresso, os povos instruídos e filosofantes acabam, no final, por a condenar ao ridículo e por a desprezar. Quando uma nação chega a este ponto, pode dizer-se que a corrupção é absoluta e que já não devemos esperar quaisquer remédios.

É este o somatório das coisas que enunciei e para as quais creio ter fornecido as provas. Vejamos agora o da doutrina que me é oposta.

«Os homens são naturalmente maus; eram-no antes da formação das sociedades; e onde quer que as ciências não

---

([7]) Não posso deixar de rir quando vejo não sei quantos homens doutos, que me honram com a sua crítica, contrapor-me sempre os vícios de uma multidão de povos ignorantes como se isso respondesse de alguma forma à questão. Pelo facto de a ciência gerar necessariamente o vício, não se seguirá que a ignorância gera necessariamente a virtude? Estas maneiras de argumentar podem ser boas para retores, ou para crianças pelas quais fui refutado no meu país; mas os filósofos deviam raciocinar de outra forma.

tenham levado a sua tocha, os povos, abandonados apenas às *faculdades do instinto*, reduzidos, com os leões e os ursos, a uma existência puramente animal, permaneceram mergulhados na barbárie e na miséria.

Nos tempos antigos, só a Grécia pensou e *se elevou pelo espírito* a tudo o que pode tornar um povo recomendável. Alguns filósofos formaram os seus costumes e deram-lhes leis.

Esparta, é verdade, foi pobre e ignorante, quer institucionalmente, quer por livre vontade. Mas as suas leis tinham grandes falhas, os seus cidadãos, uma grande tendência para se deixar corromper, a sua glória foi pouco sólida e cedo perdeu as suas instituições, as suas leis e os seus costumes.

Atenas e Roma degeneraram igualmente. Uma cedeu à fortuna da Macedónia, a outra sucumbiu à sua própria grandeza, porque as leis de uma pequena cidade não eram feitas para governar o mundo. Se aconteceu, por vezes, que a glória dos grandes impérios não tenha sobrevivido muito tempo à sua glória literária, é porque estava no seu auge quando as letras foram aí cultivadas, e porque o destino das coisas humanas é não durar muito tempo no mesmo estado. Reconhecendo, assim, que a alteração das leis e dos costumes tenha influído nestes grandes acontecimentos, nada nos força a admitir que as ciências e as artes tenham contribuído para isso; e pode observar-se, ao contrário, que o progresso ou a decadência das letras é sempre proporcional à fortuna e ao declínio dos impérios.

Esta verdade confirma-se mediante a experiência dos últimos tempos, onde se vê, numa monarquia vasta e poderosa, a prosperidade do Estado, a cultura das ciências e das artes e a virtude guerreira concorrerem ao mesmo tempo para a glória e grandeza do império.

Os nossos costumes são os melhores que podíamos ter; muitos vícios foram proscritos entre nós; aqueles que nos restam pertencem à humanidade, e as ciências não ocupam neles qualquer lugar.

Do mesmo modo, o luxo não tem nada em comum com elas; logo, as desordens que pode causar não devem ser-lhe imputadas. Além disso, o luxo é necessário nos grandes Estados, faz neles mais bem do que mal, é útil para ocupar os cidadãos ociosos e para dar de comer aos pobres.

A delicadeza deve ser considerada no número das virtudes mais do que no número dos vícios. Ela impede os homens de se mostrarem como são, uma precaução muito necessária para os tornar suportáveis uns aos outros.

As ciências raramente atingiram o objetivo que se propõem, mas ao menos visam-no. Avança-se a passos lentos no conhecimento da verdade, o que não impede que se faça algum progresso.

Por fim, mesmo que fosse verdade que as ciências e as artes amolecem a coragem, não seriam ainda preferíveis os bens infinitos que nos propiciam a esta virtude bárbara e selvagem que faz estremecer a humanidade?» Deixo de lado a revisão inútil e plena de soberba destes bens e, começando neste último ponto por uma confissão que impeça o falatório, declaro de uma vez por todas que se algo puder compensar a ruína dos costumes, estarei pronto a aceitar que as ciências fazem mais bem do que mal. Vejamos agora o resto.

Sem correr muitos riscos, talvez pudesse supor isto como provado, pois que, de tantas asserções tão arduamente avançadas, raras são as que tocam no fundo da questão, ainda menos as que permitem extrair alguma conclusão válida contra o meu pensamento, e a maior parte até fornece novos argumentos a meu favor, se a minha causa necessitasse disso.

De facto,

1. Se os homens são malvados por natureza, é possível, admita-se, que as ciências tenham produzido algum bem nas suas mãos; mas é bastante óbvio que farão nelas ainda mais mal. Não se deve dar armas a loucos.

2. Se as ciências raramente atingem o seu objetivo, existirá sempre muito mais tempo perdido do que tempo bem empregado. E quando fosse verdade que teríamos encontrado os melhores métodos, a maioria dos nossos trabalhos seria ainda tão ridícula quanto o de um homem que, muito seguro de seguir a linha de prumo, desejasse escavar um poço até ao centro da terra.
3. Não devemos recear tanto a vida puramente animal, nem considerá-la como o pior estado em que pudéssemos cair; porque teria muito mais valor assemelhar-se a uma ovelha do que a um mau anjo.
4. A Grécia deveu os seus costumes e as suas leis a certos filósofos e legisladores. Concordo. Já disse cem vezes que é bom que tenha havido filósofos, desde que o povo não se ocupe em ser um.
5. Já que ninguém ousa afirmar que Esparta não tinha boas leis, culpa-se as leis de Esparta por terem tido grandes defeitos; de modo que, para responder às censuras que faço aos povos instruídos por se terem corrompido sempre, criticam-se os povos ignorantes por não terem atingido a perfeição.
6. O progresso das letras é sempre proporcional à grandeza dos impérios. Seja. Noto que me falam sempre de fortuna e de grandeza. Já eu falava de costumes e virtude.
7. Os nossos costumes são os melhores que homens malvados como nós podem ter. É possível. Banimos muitos vícios, não o nego. Não acuso os homens deste século de terem todos os vícios. Têm apenas os vícios das almas cobardes: são traiçoeiros e velhacos. Quanto aos vícios que supõem coragem e firmeza, creio-os incapazes deles.
8. O luxo pode ser necessário para dar pão aos pobres; mas se não houvesse luxo, não haveria pobres.([8]) Ele

([8]) O luxo alimenta cem pobres nas nossas cidades e mata cem mil nas nossas zonas rurais; o dinheiro que circula entre as mãos dos ricos e ocupa os cidadãos ociosos. E por que razão há cidadãos ociosos? Quando a agricultura era estimada, não existia nem miséria nem ociosidade, e havia muito menos vícios.

9. Vejo que, apesar de tomarmos muito a peito esta causa do luxo, finge-se, porém, querer separá-la das ciências e das artes. Admitirei, nesse caso, visto insistirmos nisso tão categoricamente, que o luxo serve para a manutenção dos Estados, como as cariátides servem para suportar os palácios que adornam; ou antes, como essas traves com que se sustentam os edifícios decrépitos, e que muitas vezes acabam por derrubá-los. Abandonai, homens sábios e prudentes, uma casa que esteja a ser amparada.

Isto mostraria o quão fácil seria virar a meu favor grande parte das coisas que desejam opor-me; mas, falando com franqueza, não as encontro suficientemente bem provadas para ter a coragem de tirar proveito delas.

É dito que os primeiros homens foram malvados; donde se segue que o homem é malvado naturalmente. (9) Esta não é

---

dos artistas para satisfazer as suas superfluidades está perdido para a subsistência do trabalhador; e este não tem roupa precisamente porque precisam de ter um galão na roupa. O desperdício das matérias que servem à alimentação dos homens basta para tornar o luxo odioso à humanidade. Os meus adversários são afortunados, porque nessa matéria a culposa delicadeza da nossa língua impede-me de entrar nos detalhes que os fariam quanto à causa que ousam defender. Precisamos de molhos nas nossas cozinhas; eis porque a tantos doentes faltam tisanas. Precisamos de licores nas nossas mesas; eis porque o camponês só bebe água. Precisamos de talco nas nossas perucas; eis porque tantos pobres não têm pão.

(9) Esta nota é para os filósofos; aconselho os outros a passar à frente.

Se o homem é malvado pela sua natureza, torna-se claro que as ciências não farão mais nada senão torná-la pior; assim, aqui tendes a causa

uma asserção de pouca importância, e julgo que talvez tivesse valido a pena prová-la. Os anais de todos os povos que ousamos citar como prova são muito mais favoráveis à suposição contrária; e seriam necessários muitos testemunhos para me forçar a crer numa absurdidade. Antes de essas palavras terríveis *teu* e *meu* terem sido inventadas, antes de existir essa espécie de homens cruéis e brutais que chamamos de senhores, e essa outra espécie de homens pérfidos e mentirosos que chamamos de escravos; antes de existirem homens tão abomináveis para ousarem ter o supérfluo enquanto outros homens morrem de fome; antes de uma dependência mútua os ter forçado a tornarem-se traiçoeiros, invejosos e traidores, gostaria muito que me explicassem em que consistiriam esses vícios, esses crimes que lhes censuramos com tanta ênfase. Asseguram-me de que há muito que nos desiludimos com a quimera da idade de ouro. Porque não se acrescentar também que há muito que nos desiludimos com a quimera da virtude?

Afirmei que os primeiros gregos foram virtuosos antes de a ciência os ter corrompido; e neste ponto não pretendo retratar-me, embora, quando o examino mais de perto, não deixe de desconfiar da solidez das virtudes de um povo tão prolixo, nem da justeza dos elogios que adora fazer a si mesmo e que não vejo confirmados por qualquer outro testemunho. A este respeito, que me respondem? Que os primeiros gregos, cuja virtude louvei, eram esclarecidos e doutos porque foram filósofos que moldaram os seus costumes e lhes deram as suas leis. Mas com esta maneira de pensar, quem me impedirá de

---

perdida só por esta assunção. Mas há que atentar que, embora o homem seja naturalmente bom, como eu acredito e tenho a felicidade de sentir, não se segue, por isso, que as ciências lhe sejam salutares; porque todas as circunstâncias que levam um povo a cultivá-las anunciam inevitavelmente um início da corrupção que elas aceleram muito rapidamente. O vício da constituição provoca, então, todo o mal que o da natureza poderia fazer, e os maus preconceitos assumem o lugar das más inclinações.

afirmar o mesmo de todas as outras nações? Não tiveram os persas os seus magos, os assírios os seus caldeus, os indianos os seus gimnosofistas, os celtas os seus druidas? Não brilhou Ataxerxes junto dos fenícios, Atlas junto dos líbios, Zoroastro junto dos persas, Zalmoxis junto dos trácios? E não houve muitos que defenderam até que a filosofia nascera com os bárbaros? Seguindo este raciocínio, eram sábios todos estes povos? *Junto aos Milcíades e aos Temístocles*, dizem-me, *encontramos os Aristides e os Sócrates*. Ao lado deles, se quiserem; na verdade, que me importa isso? Contudo, Milcíades, Aristides, Temístocles, que eram heróis, viviam num tempo, Sócrates e Platão, que eram filósofos, viviam num outro; e quando se começou a abrir escolas públicas de filosofia, a Grécia, humilhada e decadente, já renunciara à sua virtude e vendera a sua liberdade.

A orgulhosa Ásia viu as suas infindáveis forças quebrarem-se contra um punhado de homens que a filosofia conduzia à glória. É verdade: a filosofia da alma conduz à verdadeira glória, mas essa não se aprende nos livros. *É este o invariável efeito dos conhecimentos do espírito.* Rogo ao leitor para que esteja atento a esta conclusão. *Os costumes e as leis são a única fonte do verdadeiro heroísmo.* As ciências não têm, por conseguinte, nada que ver com isso. *Numa palavra, a Grécia deve tudo às ciências, e o resto do mundo deve tudo à Grécia.* Nem a Grécia nem o mundo devem, portanto, alguma coisa às leis ou aos costumes. Peço perdão aos meus adversários, mas não existe maneira de deixar passar estes sofismas.

Examinemos ainda um pouco mais esta preferência que se deseja dar à Grécia sobre todos os outros povos, e da qual parece que se fez um ponto capital. *Admirarei, se pretenderdes, povos que passam a sua vida na guerra ou nos bosques, que dormem no chão e vivem de legumes.* Esta admiração é, com efeito, muito digna de um verdadeiro filósofo. Somente ao povo cego e estúpido cabe admirar homens que passam a sua vida não a defender a sua liberdade, mas a roubar-se e a trair-se mutuamente para satisfazer a sua indolência ou a sua ambição e que ousam alimentar a sua ociosidade com o suor, o sangue e o trabalho de um milhão de desgraçados. *Mas será entre esses homens grosseiros que se irá procurar a felicidade?* Seria muito mais sensato procurá-la aí do que a virtude entre os outros. *Que espetáculo nos apresentaria o género humano composto unicamente por trabalhadores, soldados, caçadores e pastores?* Um espetáculo infinitamente mais belo do que aquele de um género humano composto por cozinheiros, poetas, editores, ourives, pintores e músicos. Só a palavra *soldado* deve ser riscada da primeira lista. A guerra é, por vezes, um dever e não é feita para ser uma profissão. Todo o homem deve ser soldado para a defesa da sua liberdade, mas não para invadir a de outrem; e morrer para servir a pátria é uma ocupação demasiado bela para a confiar a mercenários. *Será preciso, então, para sermos dignos do nome de homens, viver como os leões e os ursos?* Se tenho a felicidade de encontrar um só leitor imparcial e amigo da verdade, peço-lhe que lance um olhar sobre a sociedade atual e observe nela quem são os que vivem entre eles como os leões e os ursos, como os tigres e os crocodilos. *Elevar-se-ão a virtudes as faculdades do instinto para se alimentar, se conservar e se defender?* São virtudes, não se duvide, quando são guiadas pela razão e sabiamente usadas; e são, sobretudo, virtudes quando são empregadas na assistência dos nossos semelhantes. *Não vejo nelas senão virtudes animais, pouco adequadas à dignidade do nosso ser. O corpo é exercitado, mas a alma servil apenas se rebaixa e definha.* Direi de bom grado, percorrendo as pretensiosas investigações de todas as nossas academias: «Não vejo nisso senão hábeis subtilezas, pouco adequadas à dignidade do nosso ser. O espírito é exercitado, mas a alma servil apenas se rebaixa e definha.» *Depois de excluir as artes do mundo*, como nos dizem algures, *que resta? Os exercícios do corpo e as paixões.* Olhai, suplico-vos, como a razão e a virtude são sempre esquecidas! *As artes geraram os prazeres da alma, os únicos que são dignos de nós*. Ou seja, colocaram outros no lugar do prazer de agir com retidão, muito mais digno de nós. Se seguirmos o espírito de tudo isto, ver-se-á, nos raciocínios da maioria dos meus adversários, um entusiasmo tão marcado pelas maravilhas do entendimento, que esta outra faculdade, infinitamente mais sublime e mais capaz de elevar e enobrecer a alma, nunca é levada em conta. Eis o efeito sempre assegurado da cultura das letras. Estou certo de que não existe atualmente um único douto que não estime muito mais a eloquência de Cícero do que o seu zelo e que gostasse infinitamente mais de ter escrito as *Catilinárias* do que ter salvado o seu país.

O embaraço dos meus adversários é visível sempre que é preciso falar de Esparta. Que não dariam para que esta fatal Esparta não tivesse existido? E eles, que afirmam que as grandes ações não são boas se não forem celebradas, a que preço não desejariam que as de Esparta nunca o tivessem sido! É terrível que no seio desta famosa Grécia que devia a sua virtude unicamente à filosofia, o estado no qual a virtude foi mais pura e durou mais tempo tenha sido precisamente aquele no qual não havia filósofos. Os costumes de Esparta sempre foram apontados como exemplo para toda a Grécia; já toda a Grécia estava corrompida e ainda existia virtude em Esparta; já toda a Grécia era escrava, e só Esparta continuava livre, o que é desolador. Não obstante, a orgulhosa Esparta perde finalmente os seus costumes e a sua liberdade, como os havia perdido a instruída Atenas; Esparta acabou. Que posso contrapor a isto?

Ainda duas observações sobre Esparta e passarei a outra coisa. Eis a primeira: *é verdade que após ter estado muitas vezes quase a vencer, Atenas foi vencida; e é surpreendente que não o tenha sido antes, dado que a Ática era um país completamente aberto e que não podia defender-se senão pela superioridade dos seus feitos.* Atenas devia ter vencido por toda a espécie de razões. Ela era maior e muito mais povoada do que a Lacedemónia; tinha grandes proventos e muitos povos eram seus tributários. Esparta não tinha nada disso. Atenas, sobretudo pela sua posição, tinha uma vantagem de que Esparta estava privada, que a colocou em condição de devastar múltiplas vezes o Peloponeso e que, por si só, devia assegurar-lhe o império da Grécia: era um porto vasto e apropriado; era uma marinha extraordinária devedora da previdência desse rústico Temístocles que não sabia tocar flauta. Por conseguinte, talvez nos surpreendamos que Atenas, com tantas vantagens, não obstante, tenha sucumbido no final. Mas embora a guerra do Peloponeso, que arruinou a Grécia, não honrasse nem uma nem outra república, e embora constituísse, sobretudo da parte dos lacedemónios, uma infração das máximas do seu sábio legislador, não nos deve espantar que a longo prazo a verdadeira coragem tenha prevalecido sobre os recursos [materiais], ou até que a reputação de Esparta lhe tenha providenciado vários que lhe facilitaram as vitórias. Realmente, fico bastante envergonhado por saber estas coisas e por ser forçado a dizê-las.

A outra observação não será menos espantosa. Aqui tendes o texto, que julgo dever colocar sob o olhar do leitor.

Supondo que todos os estados que constituíam a Grécia tivessem seguido as mesmas leis que Esparta, que nos restaria desta região tão célebre? Dificilmente o seu nome teria chegado até nós. Ela teria desprezado a criação de historiadores que transmitiriam a sua glória à posteridade; o espetáculo das suas indomáveis virtudes ter-se-ia perdido para nós. Por conseguinte, não faria diferença para nós que tivessem ou não existido. Os numerosos sistemas de filosofia que esgotaram todas as combinações possíveis das nossas ideias e que, se não estenderam muito os limites do nosso espírito, nos ensinaram pelo menos onde elas se fixavam; essas obras-primas de eloquência e de poesia que nos ensinaram todos os caminhos do coração; as artes úteis ou agradáveis que conservam ou embelezam a vida; por fim, a inestimável tradição das ideias e das ações de todos os grandes homens que fizeram a glória ou a felicidade dos seus semelhantes. Todas essas preciosas riquezas do espírito ter-se-iam perdido para sempre. Os séculos teriam passado, as gerações de homens suceder-se-iam como as dos animais, sem nenhum fruto para a posteridade e sem ter deixado nada atrás de si senão uma recordação obscura da sua existência; o mundo teria envelhecido, e os homens teriam permanecido numa infância eterna.

Suponhamos, por nossa vez, que um lacedemónio, convicto da força dessas razões, desejasse expô-las aos seus compatriotas, e procuremos imaginar que discurso faria no espaço público de Esparta.

«Cidadãos, abri os olhos para a vossa cegueira. É com pesar que vejo que trabalhais somente para adquirir a virtude, para exercitar a vossa coragem e manter a vossa liberdade; e, no entanto, esqueceis o dever mais importante de entreter os ociosos das raças futuras. Digam-me: para que pode ser boa a virtude, senão para ser falada no mundo? De que vos serve serem homens de bem, se ninguém falar de vós? Que importará aos séculos vindouros que vos tenhais sacrificado nas Termópilas para salvação dos atenienses se não deixais como eles nem sistemas de filosofia, nem versos, nem comédias, nem estátuas? ([10]) Apressai-vos, pois, a abandonar aquelas leis que

---

([10]) Péricles tinha grandes talentos, muita eloquência, magnificência e gosto. Embelezou Atenas com excelentes obras de escultura, com edifícios sumptuosos e com obras-primas de todas as artes. E Deus sabe como foi exaltado pela multidão dos escritores! No entanto, fica ainda por saber se Péricles foi um bom magistrado; porque, na conduta dos Estados, não se trata de erigir estátuas, mas de bem governar homens. Não me vou entreter a desenvolver os motivos ocultos da guerra do Peloponeso, que representou a ruína da república; não vou investigar se o conselho de Alcibíades estava bem ou mal estabelecido, se Péricles foi justa ou injustamente acusado de malversação; perguntarei apenas se os atenienses se tornaram melhores ou piores sob o seu governo; peço que me nomeiem qualquer um de entre os cidadãos, de entre os escravos, mesmo de entre as suas próprias crianças, quem se tenha tornado um homem de bem com os seus cuidados. No entanto, é esta, parece-me, a primeira função do magistrado e do soberano. Porque o mais curto e mais seguro meio para tornar os homens felizes não é o de embelezar as suas cidades ou mesmo de as enriquecer, mas o de torná-los bons.

só servem para vos tornar felizes; pensai unicamente em que falem muito de vós quando não existirdes mais, e nunca vos esqueçais de que se não celebrássemos os grandes homens, seria inútil tentar ser um deles.»

Julgo que seria mais ou menos isto o que teria podido dizer esse homem, se os Éforos o tivessem deixado acabar.

Esta não é a única passagem em que tomamos conhecimento de que a virtude não é boa senão para o autoelogio. Noutras, os pensamentos do filósofo são novamente louvados, porque são imortais e consagrados à admiração de todos os tempos, *ao passo que os outros assistem ao desaparecimento das suas ideias com o dia, a circunstância, o momento que as viu nascer. Em três quartos dos homens, o amanhã apaga a véspera, sem que dela reste o menor vestígio.* Ah! Restará ao menos algum no testemunho de uma boa consciência, nos desgraçados que aliviou, nas boas ações que cometeu e na memória desse Deus benfeitor que teremos servido em silêncio. Morto ou vivo, dizia o bom Sócrates, o homem de bem nunca é esquecido pelos deuses. Talvez me respondam que não é essa espécie de pensamentos que se pretendeu discutir; e eu digo que não vale a pena discutir as outras.

É fácil imaginar que, fazendo tão pouco caso de Esparta, não se mostre mais estima pelos antigos romanos. *Admita-se que sejam grandes homens, embora não tenham realizado senão pequenas coisas.* Colocando as coisas deste modo, reconheço que desde há muito que só se vêm realizando grandes coisas. A sua temperança e a sua coragem são censuradas por não terem sido verdadeiras virtudes, mas qualidades forçadas;([11])

([11]) Vejo a maior parte dos espíritos do meu tempo agir ardilosamente de modo que denigra a glória das belas e generosas ações antigas, interpretando-as de uma forma vil e inventando ocasiões e causas dispensáveis. Grande subtileza! Que alguém me dê a ação mais excelente e pura, arranjarei sem dúvida cinquenta intenções perversas. Deus sabe, quando alguém as quer desenvolver, a diversidade de imagens que assalta a nossa vontade interna. Não são tão maliciosas quanto desajeitadas e grosseiras

todavia, algumas páginas depois, admite-se que Fabrício desprezava o ouro de Pirro, e é impossível ignorar que a história romana está repleta de exemplos da facilidade que esses magistrados teriam tido para enriquecer, esses veneráveis guerreiros que tanto caso faziam da sua pobreza.([12]) Quanto à coragem, não é sabido que a cobardia não escuta a razão? E que um cobarde não deixa de fugir, ainda que esteja seguro de que será morto enquanto foge? *Pretender assemelhar os grandes Estados às pequenas virtudes das pequenas repúblicas é como obrigar um homem forte e robusto a balbuciar num berço.* Eis uma frase que não deve ser nova nas cortes. Ela teria sido muito digna de Tibério ou de Catarina de Médicis, e não duvido que um e outro não tenham proferido muitas vezes coisas idênticas.

Seria difícil conceber que a moral se devesse medir com um instrumento de agrimensor. No entanto, não se pode dizer que a extensão dos Estados seja completamente indiferente aos costumes dos cidadãos. Há seguramente uma certa proporção entre estas coisas; pergunto-me se esta proporção

---

na sua calúnia. O mesmo empenho a que se prestaram para detratar esses grandes nomes, e a mesma liberdade, eu próprio o assumirei para, ao contrário, os louvar. A estas raras figuras, escolhidas como exemplos para o mundo com a aprovação dos sábios, não hesitarei em aumentar a sua honra, tanto quanto a minha imaginação permitir ao nível da interpretação e em circunstâncias favoráveis. É preciso acreditar que os esforços da nossa imaginação estão muito abaixo do seu mérito. Caberá aos homens de bem pintar a virtude do modo mais belo possível. E talvez não fosse inapropriado para nós se a paixão nos transportasse ao sabor de tão santas formas. Não é Rousseau quem diz isto tudo, é Montaigne.

([12]) Cúrio, recusando os presentes dos samnitas, dizia que preferia comandar aqueles que tinham ouro a possuí-lo. Cúrio tinha razão. Aqueles que amam as riquezas são feitos para servir e aqueles que as desprezam para liderar. Não é a força do ouro que subjuga os pobres aos ricos, mas é porque eles próprios desejam enriquecer; caso contrário, seriam necessariamente os líderes.

não será inversa.([13]) Eis uma importante questão para refletir. E creio que se pode claramente considerá-la ainda como não decidida, apesar do tom mais depreciativo do que filosófico com o qual é aqui definida em duas palavras.

Foi, continuam, *a loucura de Catão. Com o temperamento e os precedentes hereditários da sua família, toda a sua vida declamou, combateu e morreu sem ter feito nada útil pela sua pátria.* Não sei se fez alguma coisa pela sua pátria, mas sei que fez muito pelo género humano, oferecendo-lhe o espetáculo e o modelo de virtude mais puros que alguma vez se vira: ensinou àqueles que amam sinceramente a verdadeira honra a saber resistir aos vícios do seu século e a detestar essa horrível máxima das gentes na moda de que se deve fazer como os outros; uma máxima que os levaria, sem dúvida, longe, se tivessem a infelicidade de cair num qualquer bando de salteadores. Os nossos descendentes aprenderão um dia que, neste século de sábios e de filósofos, o mais virtuoso dos homens foi ridicularizado e tratado como louco, por não ter querido sujar a sua grande alma com os crimes dos seus contemporâneos, por não ter desejado ser celerado com César e com os outros bandidos da sua época.

Acabámos de ver como os nossos filósofos falam de Catão. Vejamos como os antigos filósofos falam dele. Ecce spectaculum dignum ad quod respiciat, intentus operi suo, Deus. *Ecce par Deo dignum, vir fortis cùm malâ fortuna compositus. Non vídeo, inquam, quid habeat in terris Jupiter pulchrius, si convertere animum velit, quàm ut spectet Catonem, jàm partibus non semel fractis, nihilominus inter ruinas publicas erectum.* [«Eis um espetáculo digno de um deus que vela pelas suas obras. Eis um espetáculo quase divino, o de um homem valoroso que enfrenta a má fortuna. Não vejo, repito, o que Júpiter possa

([13]) A altivez dos meus adversários talvez me levasse a cometer, enfim, uma indiscrição se continuasse a discutir com eles. Julgam impressionar-me com o seu desprezo pelos pequenos Estados: não temerão eles que lhes possa um dia perguntar se é bom que existam grandes Estados?

encontrar de mais belo sobre a terra, se a ela atentar, do que a visão de um Catão que, uma vez desfeito por completo o seu partido, se mantém, no entanto, de pé, entre as ruínas da república.»] (*)

É isto que nos dizem algures os primeiros romanos: *admiro os Brutos, os Décios, os Lucrécios, os Vergínios, os Cévolas.* Não deixa de impressionar no século em que estamos. *Mas admirarei ainda mais um Estado poderoso e bem governado.* Um Estado poderoso e bem governado! E eu também, honestamente. *Onde os cidadãos não serão condenados a virtudes tão cruéis.* Compreendo; é mais cómodo viver num estado de coisas em que cada um esteja dispensado de ser um homem de bem. Mas se, devido a uma qualquer desgraça, os cidadãos deste Estado admirável se vissem reduzidos ou a renunciar à virtude ou a praticar essas virtudes cruéis e tivessem a força para cumprir o seu dever, seria essa uma razão para os admirar menos?

Tomemos o exemplo que mais revolta o nosso século e examinemos a conduta de Bruto (**), como soberano magistrado, ordenando a morte dos seus filhos que teriam conspirado contra o Estado num momento crítico em que não era necessário quase nada para o derrubar. É verdade que, se os tivesse poupado, o seu companheiro teria inevitavelmente salvado todos os outros cúmplices e a república estaria perdida. Que importa, perguntar-me-ão? Já que isso é tão indiferente, suponhamos então que ela tivesse resistido, e que a Bruto, tendo condenado à morte um qualquer malfeitor, o culpado lhe teria falado assim: «Cônsul, porque me condenas tu à morte? Terei eu feito pior do que trair a minha pátria? E não sou eu igualmente teu filho?» Gostaria muito que alguém se dignasse dizer-me o que Bruto poderia ter respondido.

(*) Séneca, *De providentia*, §II [*N. do T.*]

(**) Lucius Iunius Brutus (?–509 a. C.), fundador da república romana. [*N. do T.*]

Bruto, dir-me-ão ainda, devia ter abdicado do consulado, de preferência, a mandar matar os filhos. E eu digo que todo o magistrado que, numa circunstância igualmente perigosa, abandona a pátria e abdica da magistratura é um traidor que merece a morte.

Não há meio-termo; era preciso que Bruto fosse um infame ou que as cabeças de Tito e de Tibério tombassem a seu mando sob o machado dos lictores. Não digo, por isso, que muita gente teria escolhido como ele.

Embora ninguém se declare abertamente a favor dos últimos tempos de Roma, é, porém, bastante claro que os preferimos aos primeiros; e temos tanta dificuldade em descortinar grandes homens através da simplicidade destes primeiros dias como eu tenho em vislumbrar homens honestos através da pompa dos últimos. Confrontamos Tito e Fabrício, mas omitiu-se esta diferença: no tempo de Pirro, todos os romanos eram Fabrício, ao passo que sob o reinado de Tito, ele era o único homem de bem. ([14]) Esquecerei, se quiserem, as ações heroicas dos primeiros romanos e os crimes dos últimos, mas o que não poderei esquecer é que a virtude era honrada por uns e desprezada por outros, e que, se havia coroas para os vencedores dos jogos do Circo, não as havia para aquele que salvasse a vida a um cidadão. Não se julgue, aliás, que isto era peculiar a Roma. Houve um tempo em que a república de Atenas era bastante rica para dispensar somas imensas nos seus espetáculos e para pagar muito dinheiro aos

---

([14]) Se Tito não tivesse sido imperador, jamais teríamos ouvido falar dele; porque teria continuado a viver como os outros; e só se tornaria num homem de bem quando, deixando de seguir o exemplo do seu século, lhe foi permitido dar-lhe um melhor. *Privatus atque etiam sub patre principe, ne odio quidem, nedum vituperatione publica caruit. At illi ea fama pro bono cessit, conversaque est in máximas laudes.* [«Como simples cidadão, ou mesmo sob o reinado do seu pai, não escapou ao ódio e ainda menos à censura pública. Mas esta má reputação virou-a a seu favor e deu lugar a grandes elogios», *in* Suetónio, *Vita Caesarum*].

autores, aos atores, e mesmo aos espectadores. Esse mesmo tempo foi aquele em que não se encontrou dinheiro para defender o Estado contra as campanhas de Filipe.

Chegamos, por fim, aos povos modernos; e não tenho vontade de seguir os argumentos considerados relevantes sobre este tema. Notarei apenas que representa uma vantagem pouco honrosa aquela que se obtém não quando se refutam as razões do seu adversário, mas quando o impedimos de as afirmar.

Não seguirei igualmente todas as reflexões que nos demos ao trabalho de realizar sobre o luxo, a delicadeza, a admirável educação das nossas crianças([15]), os melhores métodos para ampliar o nosso conhecimento, a utilidade das ciências e o prazer das belas-artes e sobre outros pontos dos quais uns não me dizem respeito, outros refutam-se a si mesmos, e outros já foram refutados. Limitar-me-ei ainda a citar alguns fragmentos escolhidos ao acaso e que me parecem necessitar de esclarecimentos. Não tenho outra escolha senão cingir-me a frases, na impossibilidade de seguir raciocínios dos quais não consigo apreender o sentido.

Considera-se que as nações ignorantes que tiveram *ideias de glória e virtude são exceções insólitas que não justificam qualquer preconceito contra as ciências.* Muito bem. Mas todas as nações instruídas, com as suas imponentes ideias de glória

---

([15]) Não é preciso perguntar se os pais e os mestres terão o cuidado de afastar os meus perigosos escritos do olhar das suas crianças e dos seus alunos. De facto, que terrível desordem, que indecência não seria, se essas crianças tão bem-educadas acabassem por desdenhar tantas coisas bonitas, e por preferir verdadeiramente a virtude ao conhecimento? Isto traz-me à memória a resposta de um precetor lacedemónio, a quem se perguntou por chacota o que ensinaria ao seu aluno. *Ensinar-lhe-ia,* disse, *a amar as coisas honestas.* Se encontrasse um homem assim entre nós, dir-lhe-ia ao ouvido: «evitai falar dessa forma, porque jamais tereis discípulos. Mas dizei que ireis ensinar-lhes a palrar agradavelmente, e eu responderei pelo vosso destino.»

e de virtude, perderam sempre o amor e a prática por elas. Sem exceção. Avancemos para a prova. *Para nos convencermos, lancemos o olhar sobre o imenso continente de África, onde nenhum mortal é bastante destemido para penetrar, ou bastante afortunado para o ter tentado impunemente.* Assim, pelo facto de não termos conseguido penetrar no continente de África, pelo facto de ignorarmos o que aí se passa, chegamos à conclusão de que os povos estão aí cheios de vícios. Esta conclusão só se revelaria inevitável se tivéssemos encontrado uma forma de introduzir lá os nossos. Se eu fosse chefe de um qualquer dos povos da Nigrícia, declaro que faria erguer na fronteira do país uma forca na qual penduraria sem apelo o primeiro europeu que ousasse nele entrar e o primeiro cidadão que tentasse dele sair. ([16]) *A América não nos oferece visões menos vergonhosas para a espécie humana.* Sobretudo, desde que os europeus aí chegaram. *Contar-se-ão cem povos bárbaros ou selvagens na ignorância para um só virtuoso.* Seja. Pelo menos, haverá um. Mas um povo virtuoso e que cultiva as ciências, isso nunca se viu. *A terra abandonada sem cultura não é ociosa; ela produz venenos, ela alimenta monstros.* Eis o que ela começa por fazer nos lugares onde o gosto pelas artes frívolas causou o abandono do gosto pela agricultura. *A nossa alma,* podemos dizer ainda, *não é ociosa quando a virtude a abandona. Ela produz ficções, romances, sátiras, versos; ela alimenta vícios.*

Se certos bárbaros alcançaram conquistas, é porque eram muito injustos. Que éramos nós, pergunto-vos, quando encetámos a conquista da América que tanto se admira? Mas homens que possuem canhões, cartas marítimas e bússolas, podem lá cometer injustiças! Dir-me-ão que o acontecimento assinala

---

([16]) Perguntar-me-ão, porventura, que mal pode trazer ao Estado um cidadão que sai dele para não mais regressar? Faz mal aos outros pelo mau exemplo que dá, e a ele próprio pelos vícios que vai descobrir. De qualquer maneira, cabe à lei evitá-lo, e vale mais que seja enforcado do que malvado.

o valor dos conquistadores? Prova apenas a sua esperteza e habilidade; prova que um homem instruído e subtil é capaz de extrair da sua ação os sucessos que um homem valente espera apenas do seu valor. Falemos imparcialmente. Quem julgaremos nós o mais corajoso: o odioso Cortez, subjugando o México à força de pólvora, de perfídia e traições, ou o infeliz Guatimozin, que, estendido por honestos europeus sobre carvões ardentes para extorquirem os seus tesouros, admoestou um dos seus oficiais a quem o mesmo tratamento arrancava alguns gemidos, dizendo-lhe bravamente: «e eu, estarei deitado sobre rosas?»

Dizer-se que as ciências nasceram da ociosidade é abusar manifestamente dos termos. Embora nasçam do lazer, elas evitam a ociosidade. Não entendo esta distinção entre ociosidade e lazer. Mas sei muito claramente que nenhum homem honesto poderá alguma vez vangloriar-se de ter lazer enquanto houver algum bem a fazer, uma pátria a servir, desgraçados para cuidar; e desafio que, nos meus princípios, me mostrem um sentido honesto que seja ao qual esta palavra possa ser suscetível. *O cidadão que, pelas suas necessidades, é amarrado à charrua não está mais ocupado do que o geómetra ou o anatomista.* Nem do que uma criança que constrói um castelo de cartas, mas mais utilmente. *Será preciso que toda a gente comece a trabalhar a terra, sob pretexto de que o pão é necessário?* Porque não? Que pastem até, se necessário for. Prefiro muito mais ver os homens comer erva nos campos a devorar-se mutuamente nas cidades. É verdade que se fossem como desejo, seriam muito semelhantes a bestas, e que, tal como são, se parecem muito com homens.

O estado de ignorância é um estado de temor e de necessidade. Tudo aí é um perigo para a nossa fragilidade. A morte ruge sobre as nossas cabeças, esconde-se na erva que pisamos. Quando se teme tudo e se tem necessidade de tudo, que disposição mais razoável do que a de querer tudo saber? Só precisamos de considerar as inquietações permanentes dos médicos e dos anatomistas sobre a sua vida e saúde para saber se os conhecimentos servem para nos tranquilizar acerca dos nossos perigos. Como eles nos revelam sempre muitos mais perigos do que meios de nos protegermos, não é motivo para espanto se apenas aumentam os nossos receios e nos tornam pusilânimes. Os animais vivem todas estas coisas com uma segurança profunda, e não se dão pior. Uma vitela não tem necessidade de estudar botânica para aprender a selecionar o feno, e o lobo devora a sua presa sem pensar na indigestão. Alguém ousará, para responder a isto, tomar o partido do instinto contra a razão? É precisamente isso que peço.

Parece, dizem-nos, *que existem demasiados trabalhadores e que se teme a falta de filósofos. Perguntarei, por minha vez, se se receia que as profissões lucrativas tenham falta de indivíduos que as exerçam. Significa desconhecer totalmente o poder da cupidez. Tudo nos lança desde a nossa infância em ocupações úteis. E que preconceitos não se tem de vencer, que coragem não será necessária, para tentar ser apenas um Descartes, um Newton, um Locke?*

Leibniz e Newton morreram cobertos de bens e honrarias e mereciam mais ainda. Diremos nós que foi por moderação que não se elevaram até à charrua? Conheço demasiado bem o império da cupidez para saber que tudo nos encaminha para as profissões lucrativas. É esta a razão pela qual digo que tudo nos afasta das profissões úteis. Um Hebert, um Lafrenaye, um Dulac, um Martin (*) ganham mais dinheiro num dia do que todos os lavradores de uma província num mês. Talvez possa sugerir um exercício bastante inusitado em relação à passagem que aqui nos ocupa. Designadamente, se deixando de lado as duas primeiras linhas, e lendo-a fora do contexto, conseguimos adivinhar se é extraída dos meus escritos ou do dos meus adversários.

(*) Ourives e marceneiros que na época (cerca de 1750) gozavam de enorme prestígio. [*N. do T.*]

Os bons livros são a única defesa dos espíritos fracos, isto é, de três quartos dos homens, contra o contágio do exemplo. Em primeiro lugar, os doutos nunca produzirão mais bons livros do que maus exemplos. Em segundo lugar, existirão sempre mais maus livros do que bons. Em terceiro lugar, os melhores guias que os homens honestos podem ter são a razão e a consciência: *Paucis est opus litteris ad mentem bonam* [Um bom espírito não tem necessidade de grande cultura literária(*)]. Quanto aos que têm espírito duvidoso e a consciência inflexível, a leitura nunca lhes poderá fazer qualquer bem. Por fim, independentemente do homem, não existem livros necessários a não ser os da religião, os únicos que nunca condenei.

É-nos pedido que lamentemos a educação dos persas. Notai que é Platão que pretende isso. Julgara salvaguardar-me da autoridade desse filósofo, mas vejo que nada me pode preservar da animosidade dos meus adversários. *Tros Rutulusve fuat* [nem troiano nem rútulo(**)], preferem trespassar-se mutuamente do que dar-me o menor quartel, e fazem mais mal uns aos outros do que a mim.(17) *Esta educação,* diz-se, *fundava-se em princípios bárbaros, porquanto se facultava um mestre para o exercício de cada virtude, apesar de a virtude ser indivisível; porque se trata de a inspirar e não de a ensinar, de conduzir ao amor da sua prática e não de lhe demonstrar a teoria.* Quantas coisas não teria eu a dizer como resposta? Mas não se deve insultar o leitor dizendo-lhe tudo. Contentar-me-ei com estas duas notas. A primeira, que aquele que deseja educar uma criança não comece por lhe dizer que é preciso praticar a virtude, porque

---

(*) Séneca, *Cartas a Lucílio,* carta 106. [*N. do T.*]

(**) Vergílio, *Eneida,* Livro X [*N. do T.*]

(17) Passa-me pela cabeça um novo projeto de defesa e não digo que qualquer dia não venha a ter também a fraqueza de o pôr em prática. Esta defesa será composta exclusivamente por argumentos extraídos dos filósofos, donde decorrerá, se verificarmos que os seus argumentos foram maus, que eram todos palradores, como eu afirmo; ou que perdi a causa, se os reconhecermos como bons.

não seria compreendido. Antes, que lhe ensine primeiro a ser verdadeiro, e depois a ser moderado, e depois corajoso, etc., e, finalmente, que lhe ensine que ao conjunto de todas estas coisas se chama virtude. A segunda, que somos nós que nos contentamos em demonstrar a teoria, mas os persas ensinavam a prática. Ver o meu discurso, página 52([18]).

Todas as críticas que se fizeram à filosofia atingem o espírito humano. Admito que sim. *Ou, mais especificamente, o autor da natureza, que nos fez tal como somos.* Se nos fez filósofos, para quê passarmos por tantas dificuldades para nos tornarmos num? *Os filósofos eram homens; enganaram-se; deverá isso espantar-nos?* Devemos espantar-nos é quando deixarem de se enganar. *Lamentemo-los, aproveitemos as suas falhas e corrijamo-nos.* Sim, corrijamo-nos e não filosofemos mais... *Mil caminhos conduzem ao erro, só um conduzirá à verdade?* É precisamente isso que digo. *Devemos surpreender-nos com o facto de termos ajuizado mal com tanta frequência a respeito da verdade e que tenha sido descoberta tão tarde?* Ah! afinal, sempre a encontrámos!

Usam contra nós um argumento de Sócrates a propósito não dos doutos, mas dos sofistas, não das ciências, mas do abuso que se pode fazer delas. Que mais pode pedir aquele que defende que todas as nossas ciências são tão-somente abusos, e sofistas todos os nossos verdadeiros doutos? *Sócrates era líder de uma seita que ensinava a duvidar.* Diminuiria verdadeiramente a minha admiração por Sócrates se acreditasse que teria tido a estulta vaidade de querer ser líder de seita. *E ele censurava corretamente o orgulho daqueles que pretendiam saber tudo.* Isto é, o orgulho de todos os doutos. *A verdadeira ciência está muito longe dessa afetação.* É verdade; mas é da nossa que falo. *Sócrates é aqui testemunha contra si mesmo.* Isto parece-me difícil de entender. *O mais douto dos gregos não se envergonhava da sua ignorância.* Segundo as suas próprias palavras, o mais sábio

---

([18]) Página 49 deste volume.

dos gregos não sabia nada. Tirai a conclusão para os outros. *Logo, as ciências não têm a sua origem nos nossos vícios.* Logo, as ciências têm a sua origem nos nossos vícios. *Elas não nasceram, por conseguinte, do orgulho humano.* Já disse o que pensava a este respeito. *Declamação inútil, que só pode iludir espíritos parciais.* Não sei responder a isto.

A propósito dos limites do luxo, pretende-se que não seja preciso refletir hoje nesta matéria do passado. *Quando os homens caminhavam todos nus, aquele que arriscou primeiro calçar uns tamancos passou por voluptuoso. Séculos após séculos, sempre se protestou contra a corrupção, sem compreender o que significava.*

É verdade que o luxo, até hoje, embora muitas vezes prevalecente, fora pelo menos considerado em todos os períodos como a origem funesta de uma infinidade de males. Estava reservada a Melon(*) a primeira publicação desta doutrina envenenada, cuja novidade lhe valeu mais seguidores do que a solidez dos seus raciocínios. Não receio combater sozinho no meu século estas máximas odiosas que tendem apenas a destruir e degradar a virtude e a criar ricos e miseráveis, isto é, ainda e sempre homens maus.

Julgam que me embaraçam muito perguntando-me até que ponto se deve limitar o luxo? A minha opinião é que não é de todo necessário. Tudo o que excede o fisicamente necessário é causa de mal. A natureza não nos dá senão demasiadas necessidades; e, quando muito, é de uma grande imprudência multiplicá-las sem razão e de assim colocar a própria alma numa maior dependência. Não é sem motivo que Sócrates, olhando a montra de uma loja, se felicitava por não ter qualquer uso para todas aquelas coisas. As probabilidades eram de cem para um em como o primeiro que calçasse tamancos seria punido, a menos que tivesse um problema nos pés. Quanto a nós, temos uma necessidade excessiva de possuir sapatos para nos dispensarmos de virtude.

(*) Jean-François Melon [1635–1738]. [*N. do T.*]

Já afirmei algures que não propunha agitar a sociedade atual, queimar as bibliotecas e todos os livros, destruir os colégios e as academias, e devo acrescentar aqui que também não proponho que os homens se contentem apenas com a satisfação das necessidades mais básicas. Sou sensível ao facto de que não se deve conceber o quimérico projeto de criar homens honestos a partir delas. Todavia, sinto-me compelido a dizer sem dissimulações a verdade que me foi exigida. Vi o mal e tratei de descobrir-lhe as causas. Outros, mais atrevidos e mais insensatos, poderão procurar-lhe o remédio.

Aborreço-me e pouso de vez a pena nesta já demasiado longa polémica. Tomo conhecimento de que um grande número de autores([19]) se ocupou a refutar-me. Lamento imenso não poder responder a todos, mas creio ter mostrado, naqueles que escolhi para o efeito, que não é o medo que me detém quanto aos restantes.

Procurei erguer um monumento que não devesse à arte a sua força e solidez. Apenas a verdade, a quem o consagrei, tem o poder de o tornar inabalável. E se rechaço uma vez mais os golpes que lhe desfecham, é mais para me honrar a mim mesmo ao defendê-la do que para lhe prestar um auxílio de que não precisa.

Ao terminar, que me seja permitido proclamar que só o amor da humanidade e da virtude me fez romper o silêncio,

---

([19]) Até nalguns pequenos folhetins críticos escritos para diversão dos jovens me deram a honra de se lembrarem de mim. Não os li, nem lerei muito seguramente; mas nada me impede de lhes dar o valor devido, e não tenho nenhuma dúvida de que tudo isto seja muito agradável.

Asseguram-me que o senhor Gautier me honra com uma resposta, embora não lhe tivesse respondido e tivesse até exposto as minhas razões para não o fazer. Aparentemente, o senhor Gautier não acha essas razões satisfatórias, uma vez que assume a tarefa de as refutar. Vejo claramente que devo ceder ao senhor Gautier; e admito sem qualquer problema o erro que cometi quando não lhe respondi; eis-nos assim de acordo. Só lamento não poder reparar a minha falta. Porque infelizmente é já tarde demais, e ninguém saberia do que estou a falar.

e que a amargura das minhas invetivas contra os vícios de que sou testemunha nasce tão-só da dor que me inspiram e do desejo ardente que tenho de ver os homens mais felizes e, sobretudo, mais dignos de o serem.

Carta de Jean-Jacques Rousseau, de Genebra

A propósito de uma nova refutação do seu discurso por um académico de Dijon [de nome Lecat, médico em Rouen] (*)

Acabo de ver, caro senhor, uma brochura intitulada *Discurso que venceu o prémio da Academia de Dijon, em 1750, seguido da refutação desse Discurso por um académico de Dijon que lhe recusou o*

(*) A «Carta a Lecat» foi, provavelmente, publicada pela primeira vez em Lyon, em 1752, e é a última respeitante à polémica em torno do primeiro discurso de Rousseau. Claude-Nicolas Lecat (1700–1768), ou Le Cat, foi um médico francês, secretário da Academia de Ciências de Rouen, e porventura o mais bem qualificado cientificamente dos críticos de Rousseau. Apesar disso, declara falsamente a sua filiação à Academia de Dijon (que é desmentida pela própria Academia), enganando Rousseau como se depreende do início da sua carta. A refutação de Lecat foi publicada em conjunto com o *Discurso* de Rousseau numa brochura de 132 páginas em duas colunas (uma para o *Discurso* de Rousseau e outra para a refutação) e impressa em 1751. [*N. do T.*]

seu sufrágio, e pensava, ao percorrer este escrito, que, em lugar de se humilhar ao ponto de ser o editor do meu *Discurso*, o académico que lhe recusou o seu sufrágio teria feito melhor em publicar a obra à qual concedeu o seu. Teria sido uma bela maneira de refutar a minha.

Aqui tendes, pois, um dos meus juízes que não rejeita tornar-se num dos meus adversários e que acha muito mal que os seus colegas me tenham honrado com o prémio. Confesso que eu próprio fiquei bastante surpreso. Tratara de o merecer, mas nada fiz para o obter. Por outro lado, apesar de saber que os académicos não adotam as opiniões dos autores que premeiam, e que o prémio se atribui não àquele que se acredita ter defendido a melhor causa, mas àquele que melhor falou, mesmo supondo que fosse esse o caso, estava muito longe de esperar de uma academia esta imparcialidade, da qual os doutos nem sempre se podem orgulhar quando se trata dos seus interesses.

Mas se me surpreendeu a equidade dos meus juízes, admito que não fiquei menos surpreso com a indiscrição dos meus adversários. Como se atrevem a testemunhar tão publicamente o seu mau humor a propósito de uma honra que recebi? Como é que não percebem o dano irreparável que fazem assim à sua própria causa? Que não se iludam acreditando que alguém se deixará enganar acerca do motivo do seu azedume. Não é porque o meu Discurso está mal redigido que se aborrecem por o ver premiado; todos os dias se premeiam outros igualmente maus e não dizem palavra. É por uma outra razão que respeita mais à sua profissão e que não é difícil de ver. Sabia claramente que as ciências corrompiam os costumes, tornavam os homens injustos e invejosos e os faziam sacrificar tudo ao seu interesse e à sua glória vã. Mas acreditava aperceber-me de que isso se produzia com um pouco mais de decência e de habilidade. Via que os homens de letras falavam constantemente de justeza, de moderação, de virtude, e que era sob a cobertura sagrada destas belas palavras que se entregavam impunemente às suas paixões e aos seus vícios. Mas nunca acreditaria que tivessem a audácia de culpar publicamente a imparcialidade dos seus confrades. Em qualquer outro lugar, pertence aos juízes a glória de se pronunciarem com equidade contra o seu próprio interesse. Só as ciências transformam a integridade daqueles que as praticam num crime. É verdadeiramente um belo privilégio, este.

Ouso dizê-lo: a Academia de Dijon, fazendo muito pela minha glória, fez muito mais pela sua. Chegará o dia em que os adversários da minha causa tirarão vantagem desse juízo, para provar que a cultura das letras pode associar-se com a equidade e o desinteresse. Nessa altura, os partidários da verdade responder-lhes-ão: aqui está um exemplo particular que parece estar contra nós, mas lembrai-vos do escândalo que, naquele tempo, esse juízo provocou nos círculos literários, e do modo como se queixaram dele, e tirai daí uma justa conclusão das suas máximas.

Não se trata, a meu ver, de uma menor imprudência queixar-se de que a Academia tenha proposto a sua matéria em forma de questão. Ponho de lado a pouca probabilidade que havia no facto de, no entusiasmo universal que reina atualmente, alguém ter tido a coragem de renunciar voluntariamente ao prémio, declarando-se pela negativa. Mas não sei como os filósofos arriscam considerar um mal serem-lhes oferecidas vias de discussão. Que belo amor da verdade, que se assusta por alguém examinar os prós e os contras! Nas investigações de filosofia, o melhor meio de tornar uma opinião suspeita é o de excluir a opinião contrária. Quem se comporte desta maneira assume claramente a aparência de um homem de má-fé, que desconfia da bondade da sua causa. A França inteira aguarda com ansiedade a obra que vencerá este ano o prémio da Academia francesa, e ela não só apagará muito certamente o meu Discurso, o que não será difícil, como não se poderá sequer duvidar de que seja uma obra-prima.

No entanto, que contributo trará isso para a solução da questão? Nenhum. Porque, depois de a ler, alguém dirá: *este Discurso é muito belo, mas se o autor tivesse tido a liberdade de assumir a opinião contrária, talvez escrevesse um Discurso ainda mais belo.*

Examinei a nova refutação. Na verdade, é apenas mais uma, e não sei por que fatalidade são sempre os escritos dos meus adversários que ostentam esse título tão decisivo aqueles em que sou mais mal refutado. Examinei assim esta refutação, sem me arrepender minimamente quanto à decisão que tomei de não responder a mais ninguém. Limitar-me-ei a citar uma só passagem, sobre a qual o leitor poderá ajuizar se tenho ou não razão. Ei-la.

Admitirei que é possível ser um homem honesto sem talentos, mas estaremos nós inseridos na sociedade apenas para sermos homens honestos? E o que é um homem honesto ignorante e sem talentos? Um fardo inútil, um peso até para a terra, etc. Não irei responder seguramente a um autor capaz de escrever desta maneira, mas julgo que pode agradecer-me por isso.

Não há igualmente maneira de responder, a menos que quisesse ser tão prolixo quanto o autor, à numerosa coleção de passagens latinas, de versos de la Fontaine, de Boileau, de Molière, de Voiture, de Regnard, de Gresset, nem à história de Nemrod, ou à dos camponeses da Picardia. Pois, que se pode dizer a um filósofo que nos assegura que deseja mal aos ignorantes, porque o seu agricultor da Picardia, que não é um doutor, lhe paga o valor justo, mas não lhe entrega dinheiro suficiente pela sua terra? O autor está tão preocupado com as suas terras, que me fala inclusive da minha. Uma terra para mim! A terra de Jean-Jacques Rousseau! Aconselho-o verdadeiramente a caluniar-me ([1]) com mais inteligência.

([1]) Se o autor me der a honra de refutar esta carta, que não duvide de que não me prova mediante uma bela e douta demonstração, sustentada por autoridades mui nobres, que não é um crime possuir uma terra: de facto, pode ser que não o seja para outros, mas seria para mim.

Se respondesse a uma parte da refutação, seria às referências pessoais que enchem esta crítica; mas como não contribuem para a questão, não me afastarei da firme máxima que sempre segui, de me ater ao tema que trato sem nele misturar algo pessoal. O verdadeiro respeito que se deve ao público está em poupá-lo, não a tristes verdades que podem ser-lhe úteis, mas a todas as pequenas quezílias entre autores([2]), de que estão cheios os escritos polémicos, e que não têm outro propósito além de satisfazer uma odiosa animosidade. Sou acusado de ter tomado a Clénard([3]) uma

([2]) Pode ver-se no Discurso de Lyon um belíssimo exemplo da forma como convém aos filósofos atacar e combater sem referências pessoais e invetivas. Orgulho-me de que se veja na minha resposta, que está no prelo, um exemplo semelhante da maneira como é possível defender o que se crê ser verdadeiro, com a força de que se é capaz, sem qualquer azedume contra aqueles que o atacam.

([3]) Se eu afirmasse que uma tão bizarra citação viria seguramente de alguém para quem a gramática grega de Clénard é mais familiar do que o *De Officiis*, de Cícero, e de alguém que, por isso, parece fazer passar--se injustificadamente por defensor da literatura; se acrescentasse que existem profissões, como, por exemplo, a cirurgia, nas quais se empregam tantos termos derivados do grego que isso coloca aqueles que as exercem na necessidade de possuir algumas noções elementares desta língua, isso significaria assumir o tom do meu novo adversário e responder como ele teria respondido no meu lugar. Posso responder, quanto a mim, que, quando arrisquei o termo *Investigação*, quis prestar um serviço à língua tentando introduzir nela um termo agradável, harmonioso, cujo sentido é já conhecido, e que não tem qualquer sinónimo em francês. Julgo que estas são as condições exigidas para autorizar esta liberdade salutar:

> Ego cur, acquirere pauca
> Si possum, invideor; cum língua Catonis et Enni
> Sermonem Patrium ditaverit?

[«Se a língua de Catão e Énio, produzindo novas palavras, enriqueceu o idioma pátrio, com que razão hão de malsinar-me caso eu puder acrescentar-lhe algumas», Horário, *Arte poética*, trad. Rosado Fernandes (Lisboa: Clássica Editora, s/d), vv. 55–57]

palavra de Cícero — seja, de ter produzido solecismos —, tanto melhor; de cultivar a literatura e a música, apesar da má opinião que tenho delas; admitirei, se for preciso, que devo suportar numa idade mais respeitável a pena dos divertimentos da minha juventude. Mas enfim, que importa tudo isso ao público e à causa das ciências? Rousseau pode falar mal francês, e a gramática não ser por isso mais útil à virtude; Jean-Jacques pode ter uma má conduta, e a dos doutos não ser melhor. Aqui tendes a resposta que daria e, acredito eu, a única que devo dar à nova refutação.

Terminarei esta carta, e o que tenho a dizer sobre um assunto tão longamente debatido, com um conselho aos meus adversários, que sem dúvida desprezarão, e que, no entanto, talvez fosse mais vantajoso para o partido que desejam defender do que imaginam. [O conselho] é o de não escutarem tanto o seu zelo que se esqueçam de consultar as suas forças e o *quid valeant humeri* [que os ombros podem suportar] (4*). Dir-me-ão decerto que deveria tomar este conselho para mim mesmo, e isso pode ser verdade. Porém, existe quando muito esta diferença: eu representava um partido de um homem só, ao passo que sendo o deles o partido da multidão, os últimos a chegar ou pareciam dispensados de entrar na luta ou obrigados a fazer melhor do que os outros.

Quis sobretudo transmitir corretamente a minha ideia; eu sei, é verdade, que a primeira regra de todos os escritores é a de escrever correta e, como se diz, idiomaticamente; isso deve-se às pretensões que têm e ao facto de desejarem aparentar correção e elegância. A minha primeira regra, para mim, que não me preocupo com o que se pensará do meu estilo, é a de me fazer entender: jamais hesitarei sempre que, recorrendo a dez solecismos, puder exprimir-me mais fortemente ou mais claramente. Contanto que seja bem compreendido pelos filósofos, deixo de bom grado os puristas correr atrás das palavras.

(4) Horácio, *Arte Poética*, tradução de R. M. Rosado Fernandes (Lisboa: Livraria Clássica Editoras, s/d), vv. 38–40. [*N. do T.*]

Para que este meu conselho não pareça temerário ou presunçoso, junto aqui uma amostra dos raciocínios dos meus adversários e da força das suas críticas: *Os povos da Europa,* dissera eu, *viviam há alguns séculos num estado pior do que a ignorância. Não sei que jargão científico ainda mais desprezível do que ela havia usurpado o nome do saber e opunha ao seu regresso um obstáculo quase invencível. Era preciso uma revolução para fazer voltar os homens ao senso comum.* Os povos perderam o senso comum, não porque fossem ignorantes, mas porque cometiam a asneira de acreditar saber alguma coisa com as grandiosas palavras de Aristóteles e a impertinente doutrina de Raimundo Lúlio. Foi necessária uma revolução para lhes ensinar que nada sabiam, e teremos grande urgência de uma outra para nos ensinar a mesma verdade. Eis, a este respeito, o argumento dos meus adversários: *Esta revolução deve-se às letras. Elas restabeleceram o senso comum, segundo a confissão do autor. Apesar disso, na sua opinião, elas também corromperam os costumes: é preciso, pois, que um povo renuncie ao senso comum para ter bons costumes.* Três escritores repetiram de seguida este notável raciocínio. Pergunto-lhes agora que preferem que eu acuse, o seu espírito, por não ter sabido penetrar no sentido claríssimo dessa passagem, ou a sua má-fé, por terem fingido não a entender? São homens de letras, por isso a sua escolha não será duvidosa. Mas que diremos nós das divertidas interpretações que apraz a este último adversário lançar à figura do meu frontispício? Teria acreditado injuriar os leitores e tratá-los como crianças se lhes interpretasse uma alegoria tão clara, dizendo-lhes que a tocha de Prometeu é a das ciências, criada para animar os grandes génios; que o Sátiro, vendo o fogo pela primeira vez, corre para ele, e que, quando o abraça, representa os homens vulgares, que, seduzidos pelo esplendor das letras, se entregam indiscretamente ao estudo; que o Prometeu que grita e os avisa do perigo é o cidadão de Genebra. Esta alegoria é justa, bela e, creio eu, sublime. Que pensar de um escritor que medita nela e que não consegue entendê-la? Acreditar-se-ia que este homem não seria um grande doutor entre os seus amigos egípcios.

Tomo, por conseguinte, a liberdade de oferecer aos meus adversários, e sobretudo ao derradeiro, esta sábia lição de um filósofo a propósito de um outro assunto: sabei que não existem objeções que possam fazer mais mal ao vosso partido do que as más respostas; sabei que se nada dissestes que valha a pena, a vossa causa será ridicularizada, honrando--vos com a convicção de que nada melhor havia para dizer.

Seu, etc.

Prefácio de uma segunda carta a Bordes(*)

Novos ataques forçam-me a romper o silêncio que me impusera nesta longa disputa e retomo sem escrúpulo a pena que havia pousado. Se posso, na opinião dos sábios, lançar algumas novas luzes sobre as importantes máximas que estabeleci, pouco me importa que o público se entedie por ver tão longamente debatida a mesma questão: porque mesmo que a culpa não seja dos agressores, não estou disposto a sacrificar o meu zelo pela verdade à minha reputação, e não vejo por que razão teria tanto medo de aborrecer certos leitores a quem receio tão pouco desagradar.

(*) Este texto permaneceu inédito até ser publicado, em 1861, por Streckeinsen-Moultou (*Œuvres et correspondances inédites*). Foi planeado para responder à segunda réplica de Bordes. Esta réplica estava à venda em Paris desde setembro de 1753 (Fréron, *Lettres sur quelques écrits de ce temps*, t. XI, p. 198), encontrando o público parisiense já cansado da polémica e Rousseau ocupado com o seu segundo discurso, o que poderá ter impedido a sua conclusão. [*N. do T.*]

Julgo ter descoberto coisas importantes e afirmei-as com uma franqueza bastante perigosa, sem que exista nisso muito mérito; porque a minha independência representou toda a minha coragem e longas meditações fizeram as vezes do génio. Um solitário que se compraz em viver consigo mesmo toma naturalmente o gosto pela reflexão, e um homem que se interessa vivamente pela felicidade dos outros sem ter necessidade deles para conceber a sua está dispensado de aplicar a sua falsa delicadeza naquilo que de útil tem a dizer-lhes. Quanto mais excecional é uma situação, e tendo eu a felicidade de nela me encontrar, mais obrigado me sinto a tirar proveito dela em prol da verdade e de a afirmar sem reservas sempre que me parecer interessar à inocência ou à fortuna dos homens. Se foi um erro remeter-me ao silêncio quando não era oportuno, não devo cometer um ainda maior agastando-me por manter a minha palavra contra o meu dever, e é de modo que me conserve constante nos meus princípios que quero estar pronto a abandonar os meus erros assim que os reconheço.

Vou, portanto, retomar o fio das minhas ideias e continuar a escrever da forma como sempre fiz, como um ser isolado que não deseja e não teme nada de ninguém, que fala aos outros por eles e não por ele, como um homem que estima demasiado os seus irmãos para não odiar os seus vícios, e que gostaria que aprendessem de uma vez a ver-se tão malvados quanto são, para que desejem, pelo menos, tornar-se tão bons quanto poderiam ser.

Eu sei muito bem que o esforço que assumo é inútil e não tenho, nas minhas exortações, o quimérico prazer de esperar a reforma dos homens; eu sei que irão troçar de mim porque os amo e das minhas máximas porque lhes são proveitosas; eu sei que não serão menos ávidos de glória e de dinheiro quando os tiver convencido de que essas duas paixões são a origem de todos os seus males. Estou convencido de que verão como extravagância o meu desdém por esses objetos da sua admiração e dos seus trabalhos; mas preferiria suportar antes o seu escárnio a partilhar dos seus erros, e seja qual for o seu dever, o meu é dizer-lhes a verdade ou o que tomo como tal. Caberá a uma voz mais forte fazê-los amá-la.

Aguentei pacificamente as invetivas de uma multidão de autores a quem o único mal que fiz foi o de os exortar a tornarem-se homens de bem. Divertiram-se todos às minhas custas; tornaram-me tão ridículo quanto quiseram; lançaram-se publicamente contra os meus escritos e mesmo contra a minha pessoa, sem que eu jamais tivesse tentado repelir as suas injúrias de outra forma que não através da minha conduta. Se as mereci, a única maneira de me vingar teria sido respondendo-lhes na mesma moeda, e muito longe de me contentar com esta guerra maldosa, quantas mais verdades encontrasse para dizer, mais o meu coração se teria entristecido. Se não mereço as suas injúrias, então foi apenas sobre eles próprios que as lançaram. É provável que mesmo a sua animosidade dificilmente produza no público o efeito que esperariam e com o qual pouco me preocupo; a paixão extrema é muitas vezes grosseira e aconselha a desconfiar dela. É provável que, a partir dos seus próprios escritos, me considerem melhor do que efetivamente sou, quando as pessoas verificarem que, com tamanho ardor em me denegrir, o maior crime que encontraram para me censurar foi ter permitido que um artista célebre pintasse o meu retrato.

Estou longe de ser capaz do mesmo sangue frio com aqueles que, deixando a minha pessoa de lado, atacam com alguma habilidade as verdades que estabeleci. Este triste e grande sistema, fruto de um exame sincero da natureza do homem, das suas faculdades e do seu destino, é-me caro, apesar de me humilhar; porque sinto quão importante é para nós que o orgulho não nos iluda acerca daquilo que deve constituir a nossa grandeza, e o quanto se deve recear que, à força de nos querermos elevar acima da nossa natureza, tombemos abaixo dela. Em todo o caso, é útil aos homens, senão conhecer a verdade, ao menos não cair no erro, e um dos mais perigosos de todos é recear menos o erro do que a ignorância, e preferirem, numa alternativa forçada, a perversidade e a miséria [moral] à pobreza e à rudeza.

A minha opinião foi combatida com ardor, tal como previra, por um grande número de escritores; respondi até aqui a todos aqueles que me pareceram valer a pena, e estou realmente determinado a fazer o mesmo no futuro, não em prol da minha própria glória, pois não é J.-J. Rousseau que quero defender; ele enganou-se muitas vezes. Todas as vezes que me parecer ser esse o caso, abandoná-lo-ei sem escrúpulos e sem dificuldade, mesmo quando tiver razão, contanto que não se trate senão dele. Assim, enquanto se limitarem a censurar-me por ter publicado más obras, seja por ter refletido erradamente, por ter cometido erros de linguagem, por erros de história, por escrever mal ou por ser temperamental, ficarei pouco aborrecido com essas censuras, não me espantarei com elas e jamais lhes responderei. Mas quanto ao sistema que propus, irei defendê-lo com todas as minhas forças enquanto permanecer convicto de que é o da verdade e da virtude, e que é por tê-lo abandonado irrefletidamente que a maior parte dos homens, degenerados na sua bondade primitiva, incorreram em todos os erros que os cegam e em todas as desgraças que os assolam.

Com tantos interesses a combater, tantos preconceitos a vencer e tantas coisas duras a anunciar, acreditei ter o dever, até no próprio interesse dos meus leitores, de gerir, por assim dizer, a sua pusilanimidade e não os deixar apreender senão gradualmente o que tinha para lhes dizer. Se o Discurso de Dijon gerou, por si só, tanto ruído e causou tanto escândalo, que não teria acontecido se tivesse desenvolvido, desde o primeiro instante, a totalidade de um sistema verdadeiro, mas aflitivo, cuja questão desenvolvida nesse Discurso seria tão-somente um corolário? Como inimigo declarado da violência dos malvados, teria passado no mínimo por inimigo da paz pública, e se os zelotas do partido contrário não tivessem caridosamente urdido a minha perdição em nome da grande glória da filosofia, mas tendo em mente um desconhecido, que não se duvide que teriam conseguido pelo menos expor facilmente ao ridículo a obra e o autor, e se tivessem começado por troçar do meu sistema, este procedimento, tornado credível por tantos exemplos, tê-los-ia dispensado da incómoda tarefa de examinar as minhas provas.

Tive, por conseguinte, de tomar algumas precauções desde o início, e foi para que tudo pudesse ser entendido que não quis tudo dizer. Foi só gradualmente, e sempre para poucos leitores, que desenvolvi as minhas ideias. Não foi a mim que poupei, mas à verdade, a fim de a poder transmitir com mais segurança e de a tornar útil. Cumulei-me muitas vezes de dificuldades para conseguir resumir numa frase, numa linha, numa palavra lançada como que ao acaso, o resultado de uma longa sequência de raciocínios. A maior parte dos meus leitores terá com frequência considerado os meus discursos mal redigidos, e na sua quase totalidade confusos, por não se aperceberem do tronco do qual não lhes revelava senão a ramagem. Mas isso bastava para aqueles que sabem entender, e nunca pretendi falar aos outros.

Este procedimento colocou-me na posição de ter de responder com frequência aos meus adversários, fosse para resolver certas objeções, fosse para estender e esclarecer ideias que tinham necessidade disso, fosse para terminar de desenvolver todas as partes do meu sistema à medida que a aprovação dos sábios me assegurava a atenção do público. Acreditava, é verdade, ter satisfeito suficientemente todas essas coisas com as minhas respostas anteriores, pelo menos para os leitores que tinha em vista. Mas ao verificar no segundo Discurso do académico de Lyon que ele ainda não me entendeu, prefiro acusar-me a mim mesmo de inaptidão do que a ele de má vontade. Vou então tratar de me explicar melhor, e já que chegou o tempo de falar abertamente, vou vencer, enfim, a minha aversão e escrever por uma vez para o povo.

A obra que me proponho examinar está repleta de sofismas agradáveis que possuem mais brilho do que subtileza; e porque seduzem através de um certo colorido de estilo e mediante certas manhas de uma lógica habilidosa, revelam-se duplamente perigosas para a multidão. Usarei procedimentos totalmente contrários nesta análise, e, seguindo passo a passo os raciocínios do autor com tanta precisão quanto me for possível, empregarei nesta discussão unicamente a simplicidade e o zelo de um amigo da verdade e da humanidade, que reduz toda a sua glória à homenagem daquela e a sua felicidade a esta.

Índice

CARTAS EM TORNO DA POLÉMICA

TEXTOS FILOSÓFICOS

1. *Crítica da Razão Prática*, Immanuel Kant
2. *Investigação sobre o Entendimento Humano*, David Hume
3. *Crepúsculo dos Ídolos*, Friedrich Nietzsche
4. *Discurso de Metafísica*, Immanuel Kant
5. *Os Progressos da Metafísica*, Immanuel Kant
6. *Regras para a Direcção do Espírito*, René Descartes
7. *Fundamentação da Metafísica dos Costumes*, Immanuel Kant
8. *A Ideia da Fenomenologia*, Edmund Husserl
9. *Discurso do Método*, René Descartes
10. *Ponto de Vista Explicativo da Minha Obra de Escritor*, Sören Kierkegaard
11. *A Filosofia na Idade Trágica dos Gregos*, Friedrich Nietzsche
12. *Carta sobre a Tolerância*, John Locke
13. *Prolegómenos a Toda a Metafísica Futura*, Immanuel Kant
14. *Tratado da Reforma do Entendimento*, Bento de Espinosa
15. *Simbolismo: Seu Significado e Efeito*, Alfred North Withehead
16. *Ensaio sobre os Dados Imediatos da Consciência*, Henri Bergson
17. *Enciclopédia das Ciência Filosóficas em Epítome (Vol. I)*, Georg Wilhelm Friedrich Hegel
18. *A Paz Perpétua e Outros Opúsculos*, Immanuel Kant
19. *Diálogo sobre a Felicidade*, Santo Agostinho
20. *Princípios da Filosofia do Futuro*, Ludwig Feuerbach
21. *Enciclopédia das Ciência Filosóficas em Epítome (Vol. II)*, Georg Wilhelm Friedrich Hegel
22. *Manuscritos Económico-Filosóficos*, Karl Marx
23. *Propedêutica Filosófica*, Georg Wilhelm Friedrich Hegel
24. *O Anticristo*, Friedrich Nietzsche
25. *Discurso sobre a Dignidade do Homem*, Giovanni Pico della Mirandola
26. *Ecce Homo*, Friedrich Nietzsche
27. *O Materialismo Racional*, Gaston Bachelard
28. *Princípios Metafísicos da Ciência da Natureza*, Immanuel Kant
29. *Diálogo de um Filósofo Cristão e de um Filósofo Chinês*, Nicholas Malebranche
30. *O Sistema da Vida Ética*, Georg Wilhelm Friedrich Hegel
31. *Introdução à História da Filosofia*, Georg Wilhelm Friedrich Hegel
32. *As Conferências de Paris*, Edmund Husserl
33. *Teoria das Concepções do Mundo*, Wilhelm Dilthey
34. *A Religião nos Limites da Simples Razão*, Immanuel Kant
35. *Enciclopédia das Ciência Filosóficas em Epítome (Vol. III)*, Georg Wilhelm Friedrich Hegel
36. *Investigações Filosóficas sobre a Essência da Liberdade Humana*, F. W. J. Schelling
37. *O Conflito das Faculdades*, Immanuel Kant
38. *Morte e Sobrevivência*, Max Scheler
39. *A Razão na História*, Georg Wilhelm Friedrich Hegel
40. *O Novo Espírito Científico*, Gaston Bachelard
41. *Sobre a Metafísica do Ser no Tempo*, Henrique de Gand
42. *Princípios de Filosofia*, René Descartes
43. *Tratado do Primeiro Princípio*, João Duns Escoto
44. *Ensaio sobre a Verdadeira Origem, Extensão e Fim do Governo Civil*, John Locke
45. *A Unidade do Intelecto contra os Averroístas*, São Tomás de Aquino
46. *A Guerra e A Queixa da Paz*, Erasmo de Roterdão
47. *Lições sobre a Vocação do Sábio*, Johann Gottlieb Fichte
48. *Dos Deveres (De Officiis)*, Cícero
49. *Da Alma (De Anima)*, Aristóteles
50. *A Evolução Criadora*, Henri Bergson
51. *Psicologia e Compreensão*, Wilhelm Dilthey
52. *Deus e a Filosofia*, Étienne Gilson
53. *Metafísica dos Costumes, Parte I, Princípios Metafísicos da Doutrina do Direito*, Immanuel Kant
54. *Metafísica dos Costumes, Parte II, Princípios Metafísicos da Doutrina da Virtude*, Immanuel Kant
55. *Leis. Vol. I*, Platão
58. *Diálogos sobre a Religião Natural*, David Hume
59. *Sobre a Liberdade*, John Stuart Mill
60. *Dois Tratados do Governo Civil*, John Locke
61. *Nova Atlântida* e *A Grande Instauração*, Francis Bacon
62. *Do Espírito das Leis*, Montesquieu
63. *Observações sobre o sentimento do belo e do sublime* e *Ensaio sobre as doenças mentais*, Immanuel Kant
64. *Sobre a Pedagogia*, Immanuel Kant
65. *Pensamentos Filosóficos*, Denis Diderot
66. *Uma Investigação Filosófica acerca da Origem das nossas Ideias do Sublime e do Belo*, Edmund Burke
67. *Autobiografia*, John Stuart Mill
68. *Explicação do Pai Nosso*, Martinho Lutero
69. *Arrependimento e Renascimento*, Max Scheler
70. *Discurso sobre as Ciências e as Artes* seguido de *Cartas sobre a Polémica*, Jean-Jacques Rousseau